すぐわかる!! よくわかる!!

知って安心 園で役立つ

新

# 食物アレルギーガイドブック

メイト

## 監修者のことば

みなさんは、食物アレルギーの正しい知識を得られる機会はありますか？
食物アレルギーについて、どのように勉強されていますか？

　幼稚園・保育所・こども園などでは、食物アレルギーの子どもが必ず在籍されている状況で、食事提供の対応、食事を伴うイベントなど、どうしたら誤食事故なく安全に対応できるだろうか、と日々不安を抱えているのではないかと思います。各所で、食物アレルギーの正しい情報を必要とされている保育者や栄養士の方々に、数多くお目にかかります。

　2014年に『幼稚園・保育所で役立つ 食物アレルギーガイドブック』（メイト刊）が刊行されてから5年が経過し、この度「保育所におけるアレルギー対応ガイドライン」の改訂もあり、全面的に内容を見直すことになりました。この5年間で、食物アレルギーの診療や集団での食事提供対応にも新しい動きがあり、それらを踏まえての改訂となります。最新の診療に関する情報だけでなく、季節ごとの行事や食育活動の参考にしていただけるレシピもたくさん掲載しました。

　安全な食物アレルギー対応のためには、施設長をはじめ、保育者、栄養士、調理師、調理員など、施設のみなさんで食物アレルギーの正しい情報を共有し、子どもや保護者の方々と向き合っていただく必要があります。

　本書をお役に立てていただき、そして、食物アレルギーの子どもたちが安心して毎日の生活を送れることを心から願っております。

海老澤 元宏

### 海老澤 元宏（えびさわ・もとひろ）

独立行政法人国立病院機構相模原病院臨床研究センター
臨床研究センター長
医学博士

1985年東京慈恵会医科大学医学部卒業。米国ジョンス・ホプキンス大学医学部内科臨床免疫学教室留学。国立小児病院 アレルギー科、国立病院機構相模原病院小児科、同医長、同臨床研究センター病態総合研究部長、アレルギー性疾患研究部長を経て2017年より現職。2012年からは東京慈恵会医科大学小児科学教室客員教授も務める。専門は小児アレルギー疾患、特に食物アレルギー・アナフィラキシーの診療や研究。編著・監修書は、『食物アレルギーのすべてがわかる本』（講談社）、『図解食物アレルギーの悩みを解消する！最新治療と正しい知識』（日東書院）など多数ある。

### 林 典子（はやし・のりこ）

十文字学園女子大学
人間生活学部健康栄養学科 准教授
管理栄養士

1991年上智大学経済学部経済学科卒業。（株）ベネッセコーポレーションを経て、東京栄養食糧専門学校栄養士科に入学し管理栄養士免許取得。2006年より国立病院機構相模原病院臨床研究センターアレルギー性疾患研究部管理栄養士、2020年より現職。「食物アレルギーの栄養食事指導の手引き2017」（厚生労働科学研究班）検討委員。『子どもが喜ぶ食物アレルギーのレシピ100』（成美堂出版）、『食物アレルギーのつきあい方と安心レシピ』（ナツメ社）の栄養監修。

知って安心！ 園で役立つ！
# 新・食物アレルギーガイドブック

## CONTENTS

**1章** 鶏卵・牛乳・小麦を使わない
# 安心レシピ

### 旬を味わう食事

### 大人気！ 軽食・おやつ

# 2章 食物アレルギー対応の知識と理解

# 3章 食物アレルギー発生の予防

# 4章 食物アレルギー発生時の対応

# 鶏卵・牛乳・小麦を使わない
# 安心レシピの見方

**4つのおさら**
あか（主菜）・しろ（汁）・みどり（副菜）・きいろ（主食）のどれに当たるかを示しています。（下段の「『4つのおさら』とは？」を参照）

**代替食材**
どの食材を何で代替したかをあらわしています。

●材料 [10人分]
新じゃがいも…600g(6個)
新キャベツ…135g(約4枚)
新にんじん…50g(½本)
A 　絹ごし豆腐(水切りしたもの)…60g
　　白みそ…8g(小さじ1⅓)
　　りんご酢…20g(大さじ1⅓)
　　菜種油…8g(小さじ2)
　　クリームコーン(缶詰)…30g

牛乳・小麦不使用

●作り方
❶ じゃがいもは丸ごと蒸し、皮をむいてつぶす。
❷ キャベツとにんじんは、それぞれゆでて約5mm角に切り、水気を絞って冷ます。
❸ ボウルにAを入れ、泡立て器で絹ごし豆腐が滑らかになるまで混ぜ、①、②を加えて混ぜる。

みどりのおさら

マヨネーズ風ソースであえて旬の野菜を味わう
## 新キャベツ入りポテトサラダ

卵 ➡ 豆腐＋白みそ

エネルギー…66kcal
たんぱく質…1.6g
脂質…1.1g
カルシウム…13.1mg
鉄…0.4mg
食物繊維…1.3g
塩分相当量…0.1g

**材料**
料理の材料は子ども10人分で、おやつは作りやすい分量で示しています。

**原材料注意**
原材料に、特に注意が必要な材料にこのマークを入れています。ただし、その他の材料にも含まれている場合がありますので、ご注意ください。

**栄養価**
3〜5歳の子ども1人分の栄養価を示しています。

＊「日本食品標準成分表2015年版(七訂)」の成分値を使用

## 「4つのおさら」とは？

副菜　主菜
主食　汁

日本の食生活の基本とされているのが主食・汁・主菜・副菜からなる献立です。『4つのおさら』は料理に入っている主な食材に合わせて、4つの色で分けて示すのが特長です。食材がきちんとそろっているかがひと目でわかるので、しぜんと栄養バランスのよい食事になります。

**副菜**
野菜・果物・海藻・きのこ類を使ったビタミンを多く含む料理です。根菜の煮物・あえ物・サラダなど。

**主菜**
肉・魚・豆などを使った、血や肉となるたんぱく質を多く含む料理です。魚のムニエルなど。

**主食**
ごはん・めん類・パン類・いも類など、エネルギー源となる主食です。ごはん・パン・パスタなど。

**汁**
かつお節や昆布など、うま味成分のだしを使った料理です。子どもの味覚を育てます。みそ汁・野菜スープなど。

# 1章

# 鶏卵・牛乳・小麦を使わない

# 安心レシピ

- 旬を味わう食事
- 大人気！ 軽食・おやつ
- お楽しみレシピ 12 か月
- みんなで楽しめるクッキング

●材料 [10人分]

| 新じゃがいも…600g（6個） |
| 新キャベツ…135g（約4枚） |
| 新にんじん…50g（½本） |

| A | 絹ごし豆腐（水切りしたもの）…60g |
| | 白みそ…8g（小さじ1⅓） |
| | りんご酢…20g（大さじ1⅓） |
| | 菜種油…8g（小さじ2） |
| | クリームコーン（缶詰）…30g |

牛乳・小麦
不使用

●作り方

① じゃがいもは丸ごと蒸し、皮をむいてつぶす。

② キャベツとにんじんは、それぞれゆでて約5mm角に切り、水気を絞って冷ます。

③ ボウルにAを入れ、泡立て器で絹ごし豆腐が滑らかになるまで混ぜ、①、②を加えて混ぜる。

みどり
のおさら

マヨネーズ風ソースであえて旬の野菜を味わう

# 新キャベツ入りポテトサラダ

卵 ➡ 豆腐＋白みそ

エネルギー…66kcal
たんぱく質…1.6g
脂質…1.1g
カルシウム…13.1mg
鉄…0.4mg
食物繊維…1.3g
塩分相当量…0.1g

きいろ
のおさら

桜エビと青のりでカルシウムをプラス

# 桜エビとアスパラの混ぜごはん

●材料 [10人分]

| グリーンアスパラガス…160g（8本） |
| ごま油…24g（大さじ2） |
| 釜揚げ桜エビ…100g |
| 塩…1g |
| ごはん…500g（子ども茶碗10杯分） |
| 青のり…2.5g（小さじ1） |

●作り方

① アスパラガスは根元の固い部分とがくを取って長さ1cmに切り、フライパンにごま油を熱し炒める。

② ①に桜エビと塩を加えて炒め、ボウルに移してごはんと混ぜ合わせて器によそい、青のりをふる。

エネルギー…214.1kcal
たんぱく質…5.4g
脂質…3.0g
カルシウム…76.5mg
鉄…0.8mg
食物繊維…0.6g
塩分相当量…0.3g

玉ねぎの甘さが味のポイント！

# 新玉ねぎの豚肉ロールフライ

| 卵 ➡ 長芋＋豆乳 | 小麦粉 ➡ 米粉 | 小麦パン粉 ➡ 玄米パン粉 |
| --- | --- | --- |

エネルギー…270.1kcal
たんぱく質…13.5g
脂質…16.7g
カルシウム…16.9mg
鉄…0.7mg
食物繊維…1.4g
塩分相当量…0.2g

●材料［10人分］

| | |
| --- | --- |
| 新玉ねぎ(小)…260g(約3個) | |
| 豚もも薄切り肉…530g(30枚) | |
| 塩…1g | 鶏卵・牛乳・小麦不使用 |
| こしょう…少々 | |
| 玄米パン…適量 | |

| | |
| --- | --- |
| | 長いも…70g(約5cm) |
| A | 米粉…70g(約⅓カップ) |
| | 無調整豆乳…150mL |

揚げ油…適量
スナップエンドウ…150g(30本)

●作り方

① 玉ねぎは1個を10当分のくし形に切る(30切れ)。
② 豚肉を広げて塩、こしょうをふり、1枚の豚肉に玉ねぎ1切れをのせて巻いて包む(30個)。
③ 玄米パンはちぎってバットに広げ、水分を飛ばしてから、フードプロセッサーでパン粉を作る。
④ ボウルにAを入れてよく混ぜ、②をくぐらせ③をつけて、中温の油で約4分揚げる。
⑤ 皿にのせてゆでたスナップエンドウを添える。

豆乳でまろやかな風味

# 新にんじんのミルクみそ汁

| 牛乳 ➡ 豆乳 |
| --- |

エネルギー…173.4kcal
たんぱく質…3.2g
脂質…1.3g
カルシウム…26.9mg
鉄…0.8mg
食物繊維…1g
塩分相当量…1.7g

●材料［10人分］

新にんじん…200g(2本)
だし汁(かつお節)…1300g(6½カップ)
みそ…120g(約½カップ)
無調整豆乳…200mL

●作り方

① にんじんはピーラーで薄くスライスし、5cmの長さに切る。
② 鍋にだし汁とにんじんを入れてやわらかく煮、火を止めてみそを溶き入れる。
③ 豆乳を加えてひと煮して火を止める。

**みどり**のおさら

野菜それぞれの色と味が楽しめる
# 夏野菜のコブサラダ

卵 ➡ 豆腐

●材料［10人分］

| | | |
|---|---|---|
| ミニトマト…300g(20個) | | |
| パプリカ(黄)…100g(1個) | | |
| いんげん…100g(20本) | | |
| 厚揚げ…290g | | |
| A | 絹ごし豆腐…60g | 小麦不使用 |
| | カレー粉…2g(小さじ1) | |
| | トマトケチャップ…30g(小さじ5) | |
| | りんご酢…20g(大さじ1⅓) | |
| | 菜種油…8g(小さじ2) | |

●作り方

❶ ミニトマトはヘタを取り半分に切る。
❷ パプリカは半分に切って種とヘタを取り、いんげんとゆでる。パプリカは1.5cm角に、いんげんは1cmに切る。
❸ 厚揚げもゆでて1.5cm角に切る。
❹ 皿に①、②、③を並べて盛りつけ、Aを合わせてかける。

エネルギー 72.9kcal
たんぱく質…4.1g
脂質…4.3g
カルシウム…83.9mg
鉄…1.1mg
食物繊維…1.1g
塩分相当量…0.1g

**きいろ**のおさら

カレー風味で食欲アップ
# なすのキーマカレーフォー

●材料［10人分］

牛乳・小麦不使用

| | | |
|---|---|---|
| なす…300g(約4本) | A | チキンスープ…600g(3カップ) |
| にんじん…120g(約1本) | | ウースターソース…20g(大さじ1強) |
| 玉ねぎ…400g(2個) | | 中濃ソース…20g(大さじ1強) |
| 菜種油…24g(大さじ2) | | |
| おろしにんにく…2g | | |
| おろししょうが…2g | | フォー…400g |
| 豚ひき肉…400g 小麦不使用 | | 枝豆(ゆでたもの)…200g(30さや) |
| カレー粉…3g(小さじ1½) | | |

●作り方

❶ なすは食べやすい大きさに切り、10分ほど水にさらして水気を切る。
❷ にんじんと玉ねぎはみじん切りにする。
❸ 鍋に油、にんにく、しょうがを入れて混ぜ、中火にかけ、ひき肉、①、②を加えて炒める。
❹ 玉ねぎが透き通ってきたらカレー粉、Aを加えて混ぜ、弱火で煮込む(約20分)。
❺ ゆでて湯を切ったフォーに④をかけ、枝豆をさやから外し半分に切ってちらす。

エネルギー…285.3kcal
たんぱく質…12.5g
脂質…10.9g
カルシウム…43.6mg
鉄…1.3mg
食物繊維…3.0g
塩分相当量…0.7g

**あか**
のおさら

タピオカ粉と米粉でカリっとした食感に

# カジキのカリカリ揚げ

小麦粉 ➡ タピオカ粉＋米粉 ｜ 卵 ➡ 豆乳 ｜ 小麦パン粉 ➡ 玄米フレーク

●材料 [10人分]

カジキ…600g
（1cm角の棒状に切ったもの30本）
塩…1g
こしょう…少々

A タピオカ粉…60g(½カップ弱)
米粉…70g(約⅓カップ)
無調整豆乳…150mL

玄米フレーク…約150g 〔鶏卵・牛乳・小麦不使用〕
揚げ油…適量
ズッキーニ(1cmの輪切り)
…500g(20切れ)

●作り方
❶ カジキに塩、こしょうをふる。
❷ ボウルにAを合わせてよく混ぜる。
❸ 玄米フレークを細かく砕く。
❹ ①を②にくぐらせ、③をつけて中温の油で揚げ、ゆでたズッキーニとともに皿に盛りつける。

エネルギー…307kcal
たんぱく質…14.2g
脂質…15.8g
カルシウム…79.6mg
鉄…2.2mg
食物繊維…0.9g
塩分相当量…0.4g

**しろ**
のおさら

食物繊維がたっぷり

# とうもろこしの冷たいポタージュ

牛乳 ➡ 豆乳

エネルギー…90.2kcal
たんぱく質…4.3g
脂質…2.2g
カルシウム…11.2mg
鉄…1.1mg
食物繊維…2.4g
塩分相当量…0.3g

●材料 [10人分]

とうもろこし…正味700g(約4本)
玉ねぎ…100g(½個)
塩…3g(小さじ½)
無調整豆乳…400mL
オリーブ油…1g

●作り方
❶ とうもろこしは実を包丁で削ぎ、玉ねぎはみじん切りにする。
❷ 鍋に①と塩を入れてふたをし、弱火で15分蒸し煮にする。
❸ ②と豆乳をミキサーに入れて攪拌し、粗めのザルでこして冷やす。
❹ 器によそい、オリーブ油を入れる。

● 材料 [10人分]

| | | |
|---|---|---|
| かぼちゃ（皮をとり蒸したもの）…10g | | |
| 無調整豆乳…30mL | | |
| 塩…1g | | |
| 米粉…10g（小さじ2） | | |
| 片栗粉…1.5g（小さじ½） | | |
| 菜種油…1g（小さじ¼） | | |
| 小松菜…230g（1束） | | |
| しめじ…250g（1パック） | | |
| A | しょう油…18g（大さじ1） | |
| | ごま油…2g（小さじ½） | |
| | 酢…15g（大さじ1） | |
| | 砂糖…4.5g（大さじ½） | |

● 作り方

① かぼちゃはつぶして豆乳を加えて混ぜ、ペースト状にする。

② ①に塩、米粉、片栗粉、菜種油を順に加えて生地を作る。

③ フライパンに油を熱し、②を流し入れて弱火で焼き、両面焼いて、細切りにする。

④ 小松菜はゆでて食べやすく刻む。しめじは石づきを落として小房に分けてゆでる。

⑤ ボウルにAを入れて混ぜ、④を加えてあえ、器に盛って③をのせる。

**みどり のおさら**

**かぼちゃが錦糸卵風に!?**

# 小松菜としめじの中華サラダ

卵 ➡ かぼちゃ ＋ 豆乳等

エネルギー…20.3kcal
たんぱく質…1.4g
脂質…0.6g
カルシウム…40.8mg
鉄…0.8mg
食物繊維…1.4g
塩分相当量…0.4g

**きいろ のおさら**

**もっちり＆しっとりの食事パン**

# 米粉のおさつ蒸しパン

小麦粉 ➡ 米粉　　牛乳 ➡ 豆乳

● 材料 [10人分]

| | | |
|---|---|---|
| さつまいも…170g（約1本） | | |
| A | 製菓用米粉…200g（約2カップ） | |
| | ベーキングパウダー…10g（小さじ2½） | |
| B | 砂糖…60g（大さじ7弱） | |
| | しょう油…10g（小さじ1⅔） | |
| | 菜種油…30g（大さじ2½） | |
| | 水…170g（¾強カップ） | |
| 黒ごま…3g（小さじ1） | | |

小麦 不使用

● 作り方

① さつまいもは皮つきのまま1cm角に切って水に約10分さらして水気を切る。

② ボウルにAを入れて泡立て器で混ぜておく。

③ 別のボウルにBを入れて混ぜ、①と②を加えてさらに混ぜる。

④ ③をカップに入れて、黒ごまをふり、湯気の立った蒸し器に入れて蒸す（約15分）。

エネルギー…153kcal
たんぱく質…1.5g
脂質…3.4g
カルシウム…36mg
鉄…0.2mg
食物繊維…0.6g
塩分相当量…0.3g

じゃがいもの衣が決め手

# サケのポテト衣焼き

小麦粉 ➡ タピオカ粉

●材料 [10人分]

| | |
|---|---|
| 生サケの切り身…550g(5切れ) | |
| 塩…1g | |
| こしょう…少々 | |
| 酒…5g(小さじ1) | |
| じゃがいも…300g(3個) | |
| パセリ…5g(1枝) | |
| タピオカ粉…18g(大さじ2) | |
| ごま油…適量 | |
| ブロッコリー(小房)…300g(30個) | |

●作り方

❶ サケは骨を除いて半分に切り、塩、こしょう、酒をふって、タピオカ粉(表記外)を薄くまぶす。

❷ じゃがいもは皮をむいてスライサーで極細の千切りに、パセリはみじん切りにする。

❸ ボウルにタピオカ粉と❷を入れて混ぜた衣を作り、❶につける。

❹ フライパンに2cmほどごま油を入れて中火で熱し、❸を入れて両面をこんがりと3〜4分焼く。

❺ ゆでたブロッコリーを添える。

エネルギー…231.1kcal
たんぱく質…12.6g
脂質…15.8g
カルシウム…21mg
鉄…0.7mg
食物繊維…1.7g
塩分相当量…0.2g

豆腐をかきたまに見立てた

# 中華風スープ

卵 ➡ クリームコーン＋豆腐

●材料 [10人分]

| | |
|---|---|
| ねぎ…100g(1本) | 鶏卵・牛乳・小麦不使用 |
| しいたけ…92g(4枚) | |
| チキンスープ…1000g(5カップ) | |
| クリームコーン…410g(1缶) | |
| 塩…1g | 牛乳・小麦不使用 |
| こしょう…少々 | |
| 豆腐…350g(1丁) | |
| ごま油…4g(小さじ1) | |

●作り方

❶ ねぎは斜め薄切りにし、しいたけは軸を落として細切りにする。

❷ 鍋にチキンスープを入れて中火で煮立て、❶を入れてねぎがやわらかくなるまで煮る。

❸ クリームコーンを加えてひと煮し、塩、こしょうで調味する。

❹ 豆腐を崩しながら加えてひと煮し、ごま油を加えて火からおろす。

エネルギー…80.4kcal
たんぱく質…4.7g
脂質…2.1g
カルシウム…39.8mg
鉄…0.6mg
食物繊維…1.5g
塩分相当量…0.9g

## 材料 [10人分]

| 白菜…500g(¼株) | 鶏卵・牛乳・小麦不使用 |
|---|---|
| ベーコン…100g(5枚) | |

| A | 無調整豆乳…30mL |
|---|---|
| | レモン汁…10g(小さじ2) |
| | りんご酢…5g(小さじ1) |
| | 砂糖…3g(小さじ1) |
| | 塩…1g |
| | こしょう…少々 |

オリーブ油…36g(大さじ3)

## 作り方

❶ 白菜はサッとゆでて水気を絞り、1cm幅に切る。ベーコンは1cm幅に切ってフライパンでカリカリに炒める。
❷ ボウルにAを入れて混ぜ、オリーブ油を大さじ1ずつ加えながらさらに混ぜる。
❸ 白菜の水気を絞って②に入れてあえ、器に盛ってベーコンをのせる。

**みどり のおさら**

豆乳＋レモン汁＋りんご酢が味のポイント

# 白菜とベーコンのクリームサラダ

牛乳 ➡ 豆乳

エネルギー…83.8kcal
たんぱく質…1.8g
脂質…7.6g
カルシウム…22.7mg
鉄…0.3mg
食物繊維…0.7g
塩分相当量…0.3g

**きいろ のおさら**

ビーフンを焼きうどん風に

# 春菊入り和風焼きビーフン

## 材料 [10人分]

ビーフン…300g
春菊…80g(½束)
にんじん…60g(⁶⁄₁₀本)
玉ねぎ…150g(¾個)
ごま油…24g(大さじ2)

| A | 粉かつお節…6g(大さじ1) |
|---|---|
| | しょう油…18g(大さじ1) |
| | 塩…1g |
| | こしょう…少々 |

## 作り方

❶ ビーフンはたっぷりの熱湯に3分ほどつけて戻し、冷水にとってサッと洗ってから水気をきり、食べやすい長さに切る。
❷ 春菊はサッとゆでて粗みじん切りにする。
❸ にんじんは千切り、玉ねぎは薄切りにしてかためにゆでる。
❹ フライパンにごま油大さじ1を熱し、①をサッと炒め、取り出す。
❺ 残りのごま油を熱し、③を入れて炒め、②を加えて炒め合わせる。
❻ Aで味つけし、④のビーフンを戻し炒める。

エネルギー…148.1kcal
たんぱく質…3.1g
脂質…3g
カルシウム…19.2mg
鉄…0.5mg
食物繊維…0.9g
塩分相当量…0.4g

**あか** のおさら

つなぎはごはん！
# ひじき入りつくね

卵 ➡ ごはん（米）

**エネルギー**…141.4kcal
**たんぱく質**…8g
**脂質**…4.9g
**カルシウム**…29.5g
**鉄**…1.4g
**食物繊維**…1.6g
**塩分相当量**…0.7g

●材料 [10人分]

| | | |
|---|---|---|
| ひじき（乾燥）…15g | | しょう油…36g |
| 玉ねぎ…200g（1個） | | （大さじ2） |
| ごはん…100g | | 水…150g（¾カップ） |
| （子ども茶碗2杯分） | | みりん…12g |
| 鶏ももひき肉…400g | A | （小さじ2） |
| しょうがの絞り汁 | | 砂糖…20g |
| …5g（小さじ1） | | （大さじ2強） |
| にんじん(花形・厚さ1cm) | | 片栗粉…40g |
| …200g（20枚） | | （大さじ4½） |
| 砂糖…18g（大さじ2） | | |

●作り方
❶ ひじきは洗って水で戻し、水気を絞る。玉ねぎはみじん切りにする。
❷ ごはんはボウルに入れて水（表記外）少々をふり、しゃもじで練りつぶす。
❸ 別のボウルに鶏ひき肉としょうがの絞り汁を入れてよく混ぜ、①を加えてさらに混ぜる。
❹ ③と②を混ぜ20等分に丸めて天板に並べ、180度のオーブンで20分ほど焼く。
❺ 鍋にAを入れて混ぜ、中火にかけてたれを作る。にんじんは、ひたひたの水に砂糖を加えてやわらかく煮る。
❻ ④を皿に盛り、⑤のたれをかけ、にんじんを2枚ずつ添える。

**しろ** のおさら

米粉と豆腐で作るもっちりすいとん
# 米粉すいとん汁

小麦粉 ➡ 米粉＋豆腐

**エネルギー**…102.6kcal
**たんぱく質**…3.8g
**脂質**…1.2g
**カルシウム**…42.8mg
**鉄**…0.7mg
**食物繊維**…2.5g
**塩分相当量**…1.3g

●材料 [10人分]

| |
|---|
| 大根…400g（⅛本） |
| にんじん…300g（3本） |
| ごぼう…80g（⅝本） |
| 長ねぎ…100g（1本） |
| 米粉…130g（約⅔カップ） |
| 絹ごし豆腐…100g |
| だし汁（かつお節） |
| …1500g（7½カップ） |
| みそ…90g（大さじ5） |

●作り方
❶ 大根、にんじんはいちょう切りにし、ごぼうは斜め切りにして水にさらす。長ねぎは小口に切る。
❷ ボウルに米粉と豆腐を入れて混ぜ、耳たぶくらいのかたさにする（水分が足りなければ水少々を加える）。
❸ 鍋にだし汁と①を入れてやわらかく煮、②を平べったい団子に丸めて加え、浮かび上がってきたら火からおろしてみそを加える。

BIRTHDAY SPECIAL

じゃがいもが生クリームに変身！

# ココアカップケーキ

乳（生クリーム）➡ じゃがいも＋ココナッツクリーム

●材料 [10人分]

| | | |
|---|---|---|
| A | 製菓用米粉…200g(約1カップ) | 牛乳不使用 |
| | ココアパウダー…18g(大さじ3) | |
| | ベーキングパウダー…20g(小さじ4) | 小麦不使用 |
| B | 無調整豆乳…200mL | |
| | ココナッツ油…80g(大さじ6⅔) | |
| | きび砂糖…80g(約⅔カップ) | |
| | メープルシロップ…14g(小さじ2) | |
| C | じゃがいも(ゆでてつぶしたもの)…260g(約2個半) | |
| | ココナツミルク…120g(⅗カップ) | |
| | 砂糖…30g(大さじ3⅓) | |
| いちご…200g(10個) | | |

●作り方

❶ ボウルにAを入れて泡立て器で混ぜる。
❷ 別のボウルにBを入れてよく混ぜる。
❸ ②に①を入れてよく混ぜ、カップの半分ぐらいまで入れる。
❹ 180℃のオーブンで15分、160℃に温度を下げて10分焼く。
❺ フードプロセッサーにCを入れて攪拌しクリームを作り、星形の口金をつけた絞り袋に詰める。
❻ ④に⑤を絞り、いちごをのせる。

エネルギー…259.4kcal
たんぱく質…3.2g
脂質…11g
カルシウム…52.8mg
鉄…0.8mg
食物繊維…1.4g
塩分相当量…0.3g

BIRTHDAY SPECIAL

豆乳＋米粉でカスタード風クリーム！

# カスタード風
# バナナクレープ

卵＋牛乳＋小麦粉（カスタードクリーム）➡ 豆乳＋タピオカ粉

●材料 [10人分]

| | |
|---|---|
| 無調整豆乳…200mL | |
| 砂糖…30g（大さじ3⅓） | |
| バニラオイル…少々 | |
| タピオカ粉…6g（小さじ2） | |
| **A** | 製菓用米粉…50g（約¼カップ） |
| | タピオカ粉…20g（大さじ2強） |
| | 無調整豆乳…220mL |
| | 塩…1g |
| | 菜種油…4g（小さじ1） |
| 菜種油…適量 | |
| バナナ…500g（5本） | |
| ココアパウダー…5g（大さじ1弱） | |

牛乳
不使用

●作り方

【豆乳カスタード風クリームを作る】

❶ 鍋に豆乳と砂糖を入れ火にかけ、沸騰させないように混ぜ砂糖を溶かし、バニラオイルを加える。

❷ タピオカ粉を同量の水で溶かして①に加え、とろみがつくまで混ぜながら煮る。火からおろして粗熱をとり、約30分冷蔵庫に入れて冷やす。

【クレープを作る】

❸ ボウルにAを入れよく混ぜて生地を作る。

❹ フライパンを中火でよく熱して菜種油をひき、③をおたま約1杯流し入れて弱火にする。

❺ 表面が乾いてきたら濡れ布巾の上にフライパンを置き、生地の端を菜ばしではがして裏返し、弱火で約1分焼いて冷ます。

❻ ⑤の半分に②を塗り、約1cmの厚さの輪切りにしたバナナをのせてココアをふる。生地を半分折って、左右に折りたたむ。

エネルギー…118.6kcal
たんぱく質…2.7g
脂質…2.6g
カルシウム…12mg
鉄…0.8mg
食物繊維…0.8g
塩分相当量…0.1g

## 米粉でカリっと食感！
# 米粉パンのラスク

小麦粉 ➡ 米粉

乳（バター）➡ オリーブ油

●材料 [10人分]　（鶏卵・牛乳・小麦 不使用）

| | |
|---|---|
| 米粉パン（小ぶりのもの） …500g（10枚分） | |
| オリーブ油…適量 | |
| グラニュー糖…30g（大さじ2½） | |

●作り方
1. 食パンを厚さ1cmに切り、中央を好みのクッキー型で抜く。
2. 天板に①を並べて160℃のオーブンで15分焼く。
3. パンの表面にオリーブ油を塗ってグラニュー糖をふりかける。
4. 再度、160℃のオーブンで5分焼く。

エネルギー…148.3kcal
たんぱく質…1.7g
脂質…2.6g
カルシウム…2mg
鉄…0.1mg
食物繊維…0.5g
塩分相当量…0.5g

## バナナがもっちり感をUP
# バナナパンケーキ

小麦粉 ➡ 米粉　　牛乳 ➡ 豆乳

●材料 [10人分]　（小麦 不使用）

| | |
|---|---|
| 米粉…200g（約1カップ） | |
| ベーキングパウダー…8g（小さじ2） | |
| バナナ…500g（5本） | |
| 無調整豆乳…200mL | |
| 菜種油…適量 | |
| メープルシロップ…35g（大さじ1⅓） | |

●作り方
1. ボウルに米粉とベーキングパウダーを入れ、泡立て器でよく混ぜる。
2. バナナを7〜8mmの輪切りにする（20枚）。
3. 残りのバナナを①に加え、泡立て器の先でつぶす。
4. 豆乳を加えて混ぜる。
5. フライパンを熱して油をひき、一度布巾の上で冷ましたあと、生地を流し入れて弱火で焼く。表面にポツポツ穴があいて縁が乾いたらひっくり返し、裏面も焼く（10枚焼く）。
6. ⑤を皿にのせてバナナ2切れをのせ、メープルシロップをかける。

エネルギー…147.6kcal
たんぱく質…2.6g
脂質…1.7g
カルシウム…29.5mg
鉄…0.5mg
食物繊維…0.7g
塩分相当量…0.1g

## 白玉粉＋米粉で中はモチッ＋外はカリッ
# もっちりドーナツ

| 小麦粉 ➡ 白玉粉＋米粉＋片栗粉 | 牛乳 ➡ 豆乳 |

●材料 [10人分]

| 白玉粉…120g（約1カップ） | 片栗粉…60g（大さじ6½） |
| 無調整豆乳…220mL | ベーキングパウダー |
| 砂糖…40g（大さじ4½） | …8g（小さじ2） 小麦不使用 |
| 米粉…140g（約⅔カップ） | 揚げ油…適量 |

●作り方
① ボウルに白玉粉を入れ、豆乳を少しずつ加え入れながらゴムベラでよく混ぜる。
② 砂糖、米粉、片栗粉、ベーキングパウダーを加えて手でよく混ぜる。
③ ひとまとめにした生地を10等分にし、さらに6等分にして小さく丸める。
④ 6cm角に切ったクッキングシートの上に、小さく丸めた生地を6個、円形にくっつけて並べる。
⑤ 揚げ油を中温に熱し、④の生地をクッキングシートごと油に入れ、表、裏、1分半ずつ揚げる（クッキングシートは生地と離れたら取り除く）。

エネルギー…264.2kcal
たんぱく質…2.5g
脂質…13.8g
カルシウム…25.1mg
鉄…0.5mg
食物繊維…0.2g
塩分相当量…0.1g

## 豆腐のつなぎでふんわり
# 米粉と豆腐のお好み焼き

| 小麦粉 ➡ 米粉 | 卵 ➡ 豆腐 |

●材料 [10人分]

| にんじん…100g（1本） | 長いも（すりおろしたもの） |
| キャベツ…300g（10枚） | …100g（5cm分くらい） |
| にら…50g（10本） | だし汁（かつお節） |
| えのきだけ…100g（½袋） | …150g（¾カップ） |
| 木綿豆腐…150g | 米粉…250g（約1¼カップ） |
| | 菜種油…適量 |
| | 中濃ソース…適量 |

●作り方
① にんじんはみじん切りにしてサッとゆで、水気を切る。
② キャベツは粗みじん切り、にらとえのきだけは1cmの小口切りにする。
③ ボウルに豆腐を入れて泡立て器で細かくつぶし、長いもを加えて混ぜ、だし汁と米粉を加えて混ぜてから、①と②を加えて混ぜる。
④ フライパンを熱し、油をひいて③の生地を丸く流し入れ（20枚）、弱めの中火で両面3分ほど焼く。
⑤ 皿にのせてソースをかける。

エネルギー…138.2kcal
たんぱく質…3.6g
脂質…2g
カルシウム…36.1mg
鉄…0.5mg
食物繊維…1.7g
塩分相当量…0.2g

エネルギー…111.7kcal
たんぱく質…6.1g
脂質…2.6g
カルシウム…54.7mg
鉄…1mg
食物繊維…0.7g
塩分相当量…0.0g

豆乳＋ゼラチンでクリーミーに

# 枝豆プリン

牛乳＋乳（生クリーム）➡豆腐　｜　卵➡ゼラチン

●材料 [10人分]120mL くらいのプリン型

枝豆（さやつき）…220g

粉ゼラチン…20g（大さじ2強）

水…45g（大さじ3）

木綿豆腐（水切りしたもの）…300g（約1丁）

無調整豆乳…300mL

メープルシロップ…210g（¾カップ）

●作り方

① 枝豆をやわらかくゆでてさやから出し（約100g）、粉ゼラチンは水に入れてふやかす。

② フードプロセッサーに①の枝豆、豆腐、豆乳、メープルシロップを入れ、滑らかになるまで撹拌する。

③ 鍋に②を入れて弱火にかけ、ひと煮たちしたら火からおろし、①のゼラチンを加えて混ぜる。

④ ③をボウルに移し、ボウルの底に氷水を当ててゴムベラで静かにかき混ぜ、とろみがついてきたら内側を水でぬらしたプリン型に注ぎ入れる。

⑤ 冷蔵庫で1時間ほど冷やし固める。

かぼちゃと豆乳のこくで大満足

# かぼちゃ豆乳 アイスクリーム

乳（生クリーム）➡豆乳

●材料 [10人分]

かぼちゃ（正味/皮なし）…450g（約½個）

無調整豆乳…300mL

メープルシロップ…126g（大さじ6）

●作り方

① かぼちゃは3cm角に切り、やわらかく蒸す。

② フードプロセッサーに①、豆乳、メープルシロップを入れて滑らかになるまで撹拌する。

③ バットに②を入れて冷凍庫に3時間入れて固める。途中1時間に1回フォークでかき混ぜる。

エネルギー…70.3kcal
たんぱく質…2g
脂質…0.7g
カルシウム…23.6mg
鉄…0.7mg
食物繊維…1.3g
塩分相当量…0.0g

## 米粉がサクッと、カリッと！
# プチアメリカンドッグ

小麦粉 ➡ 米粉 ｜ 牛乳 ➡ 豆乳

エネルギー…213.2kcal
たんぱく質…6g
脂質…17.1g
カルシウム…14.5mg
鉄…0.5mg
食物繊維…0.1g
塩分相当量…0.9g

●材料 [10人分]

小麦不使用

製菓用米粉…60g（約⅓カップ）
ベーキングパウダー…4g（小さじ1）
砂糖…10g（大さじ1強）
無調整豆乳…70mL
ウインナーソーセージ…400g（20本）

鶏卵・牛乳・小麦不使用

揚げ油…適量
トマトケチャップ…30g（小さじ5）
アイスクリームバー…10本

●作り方
❶ ボウルに米粉とベーキングパウダー、砂糖を入れて泡立て器で混ぜる。
❷ 豆乳を加えて混ぜ、衣の生地を作る。
❸ 長さを半分に切ったアイスクリームバーにソーセージを刺す。
❹ ❸に❷の生地をくぐらせて、中温の油でこんがりと色づくくらい揚げる。
❺ 器に盛ってケチャップを絞る。

## ココナッツミルクでクリーミーな味わい
# さつまいものガレット

牛乳＋乳（バター）➡ ココナッツミルク

●材料 [10人分]

さつまいも…400g（2本）

A ｜ ココナッツミルク…100g（½カップ弱）
｜ きび砂糖…30g（大さじ3強）

メープルシロップ…42g（大さじ2）

●作り方
❶ さつまいもは皮をむいて1cmの輪切りにし、20分ほど水にさらす。鍋に入れてAを加え、さつまいもがかぶる程度に水（分量外）を足し、中火にかける。
❷ 煮立ったら弱火にして、さつまいもがやわらかくなるまで煮てから粗くつぶし、中火にして焦がさないように汁気を飛ばす。
❸ 天板にクッキングシートを敷き、❷をのせてゴムベラなどで丸く形を整え（直径約20cm）、表面を平らにし、メープルシロップをまわしかける。
❹ 200℃のオーブンで20分ほど焼き、粗熱がとれたら10等分に切り分ける。

エネルギー…91.3kcal
たんぱく質…0.7g
脂質…1.7g
カルシウム…18.7g
鉄…0.3mg
食物繊維…0.9g
塩分相当量…0.0g

**4月**

## お花ずし
木綿豆腐のいり卵風

卵 ➡ 木綿豆腐＋コーンクリーム

エネルギー…293kcal
たんぱく質…7.6g
脂質…1.2g
カルシウム…19.5mg
鉄…0.9mg
食物繊維…2.1g
塩分相当量…2.3g

牛乳・小麦不使用

●材料［10人分］

| | |
|---|---|
| にんじん…100g（1本） | クリームコーン（缶詰）…500g |
| れんこん…130g | めんつゆ（3倍濃縮） |
| しいたけ…45g（3枚） | …18g（大さじ1） |
| 米…600g（4合） | かぶ（花形・厚さ5mm） |
| A　酢…90g（大さじ6） | …50g（10枚） |
| 　塩…18g（大さじ1） | にんじん（花形・厚さ5mm） |
| 　砂糖…30g（大さじ3強） | …100g（20枚） |
| 木綿豆腐（水切りしたもの） | 絹さやえんどう（ゆでたもの） |
| …80g | …20g（10枚） |

●作り方

❶ にんじんとれんこんは粗みじん切りに、しいたけは軸を落としてみじん切りにする。

❷ 米を研ぎ、通常の水加減より大さじ1減にし、①を加えて炊飯する。炊きあがったらAを合わせて混ぜる。

❸ 木綿豆腐を鍋に入れて泡立て器で細かく砕き、コーンクリームとめんつゆを加えて中火にかけて混ぜ、汁気を飛ばす。

❹ 絹さやは斜め細切りにする。

❺ 茶碗に②を詰めて皿にあけ、③、ゆでたかぶとにんじん、絹さやを盛りつける。

---

●材料［10人分］

【ロールオムライス】

| | |
|---|---|
| A　じゃがいも（ゆでてつぶす） | |
| 　…400g（4個） | |
| 　かぼちゃパウダー…50g | |
| 　片栗粉…45g（大さじ5） | |
| 菜種油…適量 | |
| ベーコン…125g（5枚分） | |
| 玉ねぎ…200g（1個） | |
| ごはん…500g（子ども茶碗10杯） | |
| トマトケチャップ | |
| 　…120g（½カップ強） | |

鶏卵・牛乳・小麦不使用

【ささみフライ】

| | |
|---|---|
| 鶏ささみ肉（小／筋取り） | |
| 　…135g（4枚） | |
| 塩…1g | |
| こしょう…少々 | |
| タピオカ粉…適量 | |
| B　米粉…30g | |
| 　（約大さじ2） | |
| 　水…50g（¼カップ） | |
| 玄米フレーク…40g | |
| 揚げ油…適量 | |

鶏卵・牛乳・小麦不使用

【盛りつけ】

| | |
|---|---|
| きゅうり（輪切り） | |
| 　…10g（10枚） | |
| のり…適量 | |
| トマトケチャップ | |
| 　…50g（大さじ3弱） | |
| ミニトマト | |
| 　…150g（10個） | |
| 絹さやえんどう（ゆでた | |
| もの）…20g（10枚） | |

●作り方

【ロールオムライス】

❶ ボウルでAを混ぜ、5等分にし、クッキングシート（約15cm×12cm）の上で伸ばす。

❷ フライパンを熱して菜種油を薄くひき、火からおろす。①の生地を下にしてクッキングシートごとフライパンにのせ、シートをはがす。弱火にかけて両面を焼く（5枚焼く）。

❸ ベーコンを粗みじん切りに、玉ねぎをみじん切りにして、菜種油を熱したフライパンに入れ中火で炒め合わせる。

❹ 玉ねぎが透き通ったらごはんを加えて炒め、トマトケチャップを加えて炒め合わせる。

❺ ラップに②をのせて（15cmの辺を横に置く）、④の⅕量を棒状にのせ、巻いて半分に切る。

【ささみフライ】

❶ 鶏ささみ肉は5等分に切り分け、塩、こしょうをふってタピオカ粉をまぶす。

❷ ボウルにBを合わせ、①をくぐらせ、細かく砕いた玄米フレークをつける。

❸ 中温の油でこんがりと揚げる。

❹ 盛りつけ用の材料で、写真のように盛りつける。

**5月**

## こいのぼりランチ
まるでオムライス！

卵 ➡ じゃがいも＋かぼちゃパウダー＋片栗粉

【ロールオムライス】
エネルギー…339.7kcal
たんぱく質…6.7g
脂質…7.1g
カルシウム…17.2mg
鉄…1.1mg
食物繊維…2.7g
塩分相当量…0.8g

【ささみフライ】
エネルギー…65.2kcal
たんぱく質…3.6g
脂質…2.5g
カルシウム…17.2mg
鉄…0.4mg
食物繊維…0.1g
塩分相当量…0.2g

## 旬のじゃがいもで豆乳ビシソワーズ
# じゃがいもスープとサンドイッチ

牛乳 ➡ 豆乳

6月

● 材料 [10人分]

【じゃがいもスープ】
玉ねぎ…560g(2個)
じゃがいも…540g(5個)
オリーブ油…24g(大さじ2)
だし汁(昆布)…1200g(6カップ)
白みそ…12g(小さじ2)

無調整豆乳…200mL
塩…1g
こしょう…少々

【サンドイッチ】
かぼちゃ…400g
ツナ缶詰…140g
玄米食パン(小さ目のもの／8枚切り)…1000g(20枚)

鶏卵・牛乳・小麦不使用

● 作り方

【じゃがいもスープ】
❶ 玉ねぎはみじん切り、じゃがいもは皮を除き薄切りにし、オリーブ油を熱した鍋で弱火で炒める。
❷ だし汁を加え、沸騰したら弱火にし、じゃがいもがやわらかくなるまで煮る。
❸ ミキサーに❷とみそを入れて攪拌し、鍋に戻して豆乳を入れて沸騰直前まで温める。塩、こしょうで味をととのえて冷まし、冷蔵庫で冷やす。
【サンドイッチ】
❶ かぼちゃは種とワタを取り除いて蒸し皮をむいてつぶし、ツナの油を切って加えて混ぜる。
❷ 食パンに❶をのせてはさむ。

エネルギー…414.2kcal
たんぱく質…9g
脂質…9.2g
カルシウム…34.4mg
鉄…1.1mg
食物繊維…3.7g
塩分相当量…1.4g

● 材料 [10人分]

鶏むね肉(皮無し)…500g
酒…15g(大さじ1)
トマト…400g(2⅔個)
A | トマトジュース…1000g(5カップ) / オリーブ油…24g(大さじ2) / めんつゆ(3倍濃縮タイプ)…100g(½カップ)
オクラ…150g(10本)
ズッキーニ…100g(⅔本)
にんじん(星形・厚さ5mm)…50g(10枚)
フォー…600g
ホールコーン…30g

● 作り方
❶ 鶏むね肉は酒をふって20分ほど置き、蒸して細かく裂く。トマトは皮を湯むきにし、種を取ってざく切りにする。
❷ Aを合わせて混ぜ、❶のトマトを加える。
❸ オクラとズッキーニは薄切りにしてサッとゆで、にんじんはやわらかくゆでる。
❹ たっぷりの湯でフォーをゆで、サッと流水にさらして水気を切る。
❺ 器に❹を盛り、❶の鶏肉をのせる。❷をかけて❸とコーンを飾る。

## そうめんをフォーに替えて!
# トマトスープの冷たい七夕めん

7月

エネルギー…336kcal
たんぱく質…16.4g
脂質…7.2g
カルシウム…30mg
鉄…0.8mg
食物繊維…2.2g
塩分相当量…1.9g

## 米粉でとろみをつけて！
# おばけハッシュドポーク

小麦粉 ➡ 米粉

8月

エネルギー…387.2kcal
たんぱく質…16.5g
脂質…8.3g
カルシウム…3.4mg
鉄…1.7mg
食物繊維…2.2g
塩分相当量…2.1g

### ●材料 [10人分]

| | | |
|---|---|---|
| 玉ねぎ…400g(2個) | | 砂糖…10g(大さじ1強) |
| マッシュルーム…100g(10個) | | しょう油…84g(大さじ4⅔) |
| にんにく…15g(1片) | A | チキンスープの素…7.5g(大さじ1) 鶏卵・牛乳・小麦不使用 |
| オリーブ油…24g(大さじ2) | | 塩…1g |
| 豚肉もも肉(細切り)…500g | | ローリエ…1g(2枚) |
| 米粉…50g(¼カップ) | ごはん…500g(子ども茶碗10杯) |
| 水…800g(4カップ) | なす(1cmの輪切り)…300g(30切れ) |
| トマト水煮…800g(4カップ) | パプリカ(1cmの輪切り)…200g(10切れ) |
| A | トマトケチャップ…60g(大さじ3⅓) | レーズン…10g(20粒) |
| | ウスターソース…80g(大さじ4½弱) | |

### ●作り方

❶ 玉ねぎは1cmほどのくし形に切り、マッシュルームは薄切り、にんにくはみじん切りにする。

❷ 鍋にオリーブ油と玉ねぎを入れて、中火でしんなりするまで炒める。にんにくと豚肉を入れて火が通るまで炒め、マッシュルームを加えて炒める。

❸ 米粉を入れて全体を混ぜ、水を加える。かき混ぜながら煮、煮立ってきたらトマト水煮とAを入れてかき混ぜながら15分ほど煮込む。

❹ ごはんを茶碗に詰めて皿にあけ、❸を盛ってグリルしたなすとパプリカ、レーズンを盛りつける。

---

## ポテトフレークを衣にして
# お月さまカレーコロッケ

小麦パン粉 ➡ ポテトフレーク

9月

エネルギー…210.6kcal
たんぱく質…3.6g
脂質…11.5g
カルシウム…12.6mg
鉄…0.8mg
食物繊維…1.8g
塩分相当量…0.1g

### ●材料 [10人分]

| | | |
|---|---|---|
| じゃがいも…740g(約7個半) | | こしょう…少々 |
| 玉ねぎ…100g(½個) | | カレー粉…4g(小さじ2) 小麦不使用 |
| いんげん…75g(15本) | A | 片栗粉…54g(大さじ6) |
| 菜種油…24g(大さじ2) | | 水…90g(大さじ6) |
| 鶏ひき肉…100g | ポテトフレーク…50g |
| 塩…1g | 揚げ油…適量 |

### ●作り方

❶ じゃがいもはやわらかくふかして皮をむき、つぶす。

❷ 玉ねぎはみじん切り、いんげんは両端を落としてゆでる。

❸ フライパンに菜種油を熱してひき肉と玉ねぎを炒め、塩、こしょうをふる。

❹ ①に❸とカレー粉を加えてよく混ぜ、15等分にしてボール状に丸める。

❺ ボウルにAを合わせて混ぜ、❹をくぐらせてポテトフレークを全体にしっかりとまぶし、中温の油でこんがりと揚げる。

❻ ❺のうち5個を半分に切り、1個と半分のコロッケ、ススキに見立てたいんげん(1本と半分)を盛りつける。

**10月**

豆乳＋白みそ＋りんご酢でマヨネーズ風の味つけに

# ハロウィンかぼちゃサラダ

卵 ➡ 豆乳＋白みそ

●材料 [10人分]

| | |
|---|---|
| かぼちゃ（種とワタを取ったもの）…400g（½個） | |
| A | 無調整豆乳…15mL |
| | 白みそ…6g（小さじ1） |
| | りんご酢…5g（小さじ1） |
| ブロッコリー（小房）…150g（31個） | |

●作り方

❶ かぼちゃは蒸して皮を除き、熱いうちにつぶし、Aを合わせて混ぜ、冷ます。

❷ ブロッコリーはゆでて水気を切る。1個はヘタ用に10等分する。

❸ ①を10等分にして手で丸く形を整え、かぼちゃの形にする。竹串でかぼちゃの皮の筋をつけ、ヘタ用のブロッコリーを刺す。

❹ 皿にのせて残りのブロッコリーを盛りつける。

エネルギー…26.8kcal
たんぱく質…1.4g
脂質…0.2g
カルシウム…14.5mg
鉄…0.4mg
食物繊維…1.8g
塩分相当量…0.1g

---

ピザ台はごはん！

**11月**

# 秋のライスピザ

乳（チーズ）➡ 白玉粉＋豆乳＋白みそ

●材料 [10人分]

| | | | |
|---|---|---|---|
| ごはん…300g（2合分） | | 酢…10g（小さじ2） | |
| 菜種油…適量 | | さつまいも…150g（¾本） | |
| A | 白玉粉…40g（大さじ4½） | くり（皮をむいたもの）…100g（5個） | |
| | 無調整豆乳…90mL | しめじ…90g | |
| B | 白みそ…12g（小さじ2） | くるみ…15g | 鶏卵・牛乳・小麦不使用 |
| | 塩…6g（小さじ1） | ベーコン…125g（5枚） | |
| | 無調整豆乳…300mL | トマトケチャップ…適量 | |

●作り方

❶ ごはんを10等分にし、ラップに包んで丸く握り、上からつぶすようにして平らにのばす。

❷ フライパンに油を少量熱し、①を並べて色づくまで両面を焼く。

❸ 鍋にAを入れて混ぜてからBを加えて混ぜ、粘り気が出るまで10分ほど弱火で加熱し、火からおろして酢を加えて混ぜる。

❹ さつまいもは一口大に切ってゆで、くりは半分に切る。しめじは石づきを落として小房に分け、くるみは砕く。ベーコンは細く切る。

❺ 天板にクッキングシートを敷いて②を並べ、トマトケチャップを塗って③をのせる。④をのせて200℃のオーブンで15分ほど焼く。

エネルギー…204.1kcal
たんぱく質…5.6g
脂質…8.1g
カルシウム…20.1mg
鉄…1.0mg
食物繊維…1.6g
塩分相当量…1.1g

**12月**

すりおろしたじゃがいもがとろみをプラス
# クリームチキンプレート

牛乳 ➡ 豆乳

小麦粉＋バター ➡ じゃがいも＋白みそ

### ●材料 [10人分]

| | |
|---|---|
| 鶏もも肉…600g | じゃがいも…150g(1½個) |
| 玉ねぎ…200g(1個) | 白みそ…27g(大さじ1½) |
| ブロッコリー(小房)…200g(10個) | 無調整豆乳…300mL |
| にんじん(星形・厚さ5mm) | 塩…1g |
| …50g(10枚) | こしょう…少々 |
| 菜種油…24g(大さじ2) | ごはん…500g(子ども茶碗10杯) |
| チキンスープの素 | ミニトマト…150g(10個) |
| …7.5g(大さじ1) | |

鶏卵・牛乳・小麦不使用

### ●作り方

❶ 鶏肉は一口大に、玉ねぎはくし形に切り、油をひいたフライパンで炒める。

❷ 鶏肉の色が変わったら、かぶるくらいの水を入れ、チキンスープの素を加える。強火にして沸騰したらアクをていねいに取り除き、弱火で15分煮る。

❸ じゃがいもをすりおろして鍋に加えて混ぜながら10分ほど煮る。とろみがついたら火からおろし、みそを溶かして加え、みそが溶けたら豆乳を加え、塩、こしょうをする。

❹ ごはんを星形に詰めて皿にのせ、上にゆでたにんじんをのせる。③をよそって、ゆでたブロッコリーと、半分に切ったミニトマトを添える。

エネルギー…330.6kcal
たんぱく質…17.5g
脂質…6.8g
カルシウム…28.2mg
鉄…1.6mg
食物繊維…2.2g
塩分相当量…0.4g

---

卵不使用のだて巻きそっくりさん
# だて巻き風　卵 ➡ かぼちゃ＋豆腐

**1月**

### ●材料 [10人分]

| | |
|---|---|
| かぼちゃ(種、ワタ、皮を除いたもの) | メープルシロップ…14g(小さじ2) |
| …260g(約⅓個) | A 白みそ…4g(小さじ2/3) |
| 木綿豆腐(水切りしたもの)…350g | 片栗粉…18g(大さじ2) |
| A 大和いも(すりおろしたもの)…90g | しょう油…12g(小さじ2) |
| 砂糖…9g(大さじ1) | 黒豆の煮物…適量 |

鶏卵・牛乳・小麦不使用

### ●作り方

❶ かぼちゃは蒸して崩し、豆腐、Aとともにフードプロセッサーに入れて攪拌する。

❷ 天板にクッキングシートを敷き、①の半量をのせ、ゴムベラなどで20cm×22cmくらいの四角形に整える。

❸ 170℃のオーブンで40分ほど焼く。

❹ 熱いうちにクッキングシートごとまきすにのせて巻き、両端を輪ゴムでとめる。縦に立ててそのまま冷ます。同様にもう1本作る。

❺ それぞれ10等分に切り分けて皿にのせ、黒豆を添える。

エネルギー…63.7kcal
たんぱく質…3.3g
脂質…1.5g
カルシウム…38.7mg
鉄…0.6mg
食物繊維…1.1g
塩分相当量…0.2g

## 米粉で作るサクッと天ぷら
# 節分天丼

**2**月

小麦粉 ➡ 米粉＋タピオカ粉

| エネルギー… 347.9kcal |
|---|
| たんぱく質… 15.4g |
| 脂質… 10.2g |
| カルシウム… 61.8mg |
| 鉄… 1.8mg |
| 食物繊維… 1.6g |
| 塩分相当量… 1.1g |

### ●材料 [10人分]

| | |
|---|---|
| イワシ… 400g(5尾) | しょう油… 60g(大さじ3⅓) |
| 春菊… 100g(5本) | A 米粉… 50g(約¼カップ) |
| 水煮大豆… 150g | A タピオカ粉… 6g(小さじ2) |
| 酒… 20g(大さじ1⅓) | A 水… 120g(⅗カップ) |
| みりん… 20g(大さじ1強) | 揚げ油… 適量 |
| だし汁(かつお節) | ごはん |
| …200g(1カップ) | …500g(子ども茶碗10杯) |

### ●作り方

❶ イワシは手開きにして三枚におろし米粉(表記外)をまぶす。
❷ 春菊は根元の固い部分を落とし2cmくらいに刻み、大豆とともにボウルに入れて米粉(表記外)をまぶす。
❸ 鍋に酒とみりんを入れて火にかけ、煮切ったらだし汁としょう油を加えてひと煮して火からおろす。
❹ 別のボウルにAを入れて混ぜる。
❺ ❶を❹にくぐらせて中温の油で揚げる。
❻ 残りの❹に❷を入れて混ぜ、10等分にして中温の油で揚げる。
❼ 器にごはんを盛り、❺と❻を❸にくぐらせてのせる。

---

### ●材料 [10人分]

鶏卵・牛乳・小麦 不使用

| | |
|---|---|
| 【茶碗蒸し風】 | 紅かまぼこ… 50g(10切れ) |
| 鶏ささみ肉(筋無し)… 80g | ボイルえび… 80g(10尾) |
| 干しいたけ… 20g(4枚) | にんじん(花形・厚さ5mm) |
| 絹さやえんどう… 20g(10枚) | …50g(10枚) |
| だし汁(かつお節) | 【三色ごはん】 |
| …600g(3カップ) | ごはん… 500g(子ども茶碗10杯) |
| 粉末寒天… 4g | ほうれんそう… 200g(2株) |
| 塩… 6g(小さじ1) | 白ごま… 18g(大さじ2) |
| しょう油… 6g(小さじ1) | サケ(焼いてほぐしたもの) |
| 無調整豆乳… 600mL | …120g |

### ●作り方

【茶碗蒸し風】
❶ 鶏ささみ肉は酒(分量外)をふって耐熱皿にのせてラップをかけ、電子レンジ(600W)で2分加熱し、小さく裂く。
❷ 干しいたけは戻して細切りし、絹さやはサッとゆでる。
❸ 鍋にだし汁を入れ、粉末寒天と干しいたけを入れ、中火にかけて混ぜながら沸騰させ、粉末寒天を煮溶かし、塩としょう油を加える。
❹ ❸を火からおろし、人肌に温めた豆乳を加えて混ぜ合わせる。
❺ 器に❹を注ぎ入れ、❶を入れてしばらく置く。固まったら、上にかまぼこ、えび、絹さや、ゆでたにんじんをのせる。
【三色ごはん】
❶ ごはんを3等分に分け、ゆでてみじん切りにしたほうれんそう、白ごま、サケをそれぞれに混ぜる。
❷ 四角い容器(30cm × 12cm)にサケ混ぜごはん、白ごまごはん、ほうれんそうごはんの順に詰める。
❸ ひっくり返して取り出し、10等分(6×6cm)に切り分ける。

## 豆乳を寒天で固めて茶碗蒸し
# 茶碗蒸し風＋三色ごはん

**3**月

卵 ➡ 寒天＋豆乳

| エネルギー… 275.7kcal |
|---|
| たんぱく質… 14.8g |
| 脂質… 3.8g |
| カルシウム… 61.1mg |
| 鉄… 1.7mg |
| 食物繊維… 2.6g |
| 塩分相当量… 1.0g |

みんなで
楽しめる
クッキング

## 1.2.3.4.5.歳児

**小麦もバターも卵も使わない**

# ココナッツ風味クッキー

| 小麦粉 ➡ 米粉 | バター ➡ ココナッツ油 |
| --- | --- |
| 牛乳 ➡ 豆乳 | |

●材料 [10人分]

鶏卵・牛乳・小麦不使用

| 製菓用米粉…150g（約¾カップ） |
| --- |
| 玄米フレーク…100g |
| きび糖…20g（大さじ2強） |
| ココナッツ油…30g（大さじ2½） |
| 無調整豆乳…100mL |

エネルギー…134.7kcal
たんぱく質…2.0g
脂質…3.3g
カルシウム…43.1mg
鉄…1.2mg
食物繊維…0.1g
塩分相当量…0.1g

## 作り方

① ボウルに材料を全部入れる。

② ゴムベラで混ぜる。

③ 天板にクッキングシートを敷き、②をスプーンですくってのせる。

**ポイント**

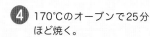

大きめのスプーンを使うとすくいやすい

④ 170℃のオーブンで25分ほど焼く。

1. 2. **3. 4.** 5. 歳児

じゃがいもの皮で包む
# おやつポテトギョーザ

● 材料 [20個分(10人分)]

| | |
|---|---|
| じゃがいも(ふかしたもの)…300g(3個) | |
| 片栗粉…140g(1カップ強) | |
| 塩…1g | |
| ブロッコリー (ゆでたもの/粗みじん切り)…80g | |
| ツナ缶…80g | |
| ごま油…適量 | |

エネルギー…104.1kcal
たんぱく質…2.2g
脂質…2.8g
カルシウム…5.2mg
鉄…0.3mg
食物繊維…0.8g
塩分相当量…1.1g

作り方

ギュッギュッ
ってするよ

**ポイント**
生地のふちが
くっつくように、
しっかり押す

**1** ボウルにじゃがいもを入れてよくつぶし、片栗粉と塩を加え、手でよく混ぜ、20等分にする。

**2** クッキングシート(10cm角)に①を丸めてのせ、手のひらでつぶして広げ、皮を作る。

**3** ブロッコリーとツナを混ぜ、②の手前にのせる。シートごと半分に折り、ふちを指で押してとじる。

**4** ホットプレート(180℃)にごま油をひき、シートをはがして両面をこんがりと焼く。

cooking

みんなで
楽しめる
クッキング

1. 2. **3.4.5.**歳児

豆乳+レモン汁で作る

# 豆乳カスタード
# トライフル

| 小麦粉 ➡ 米粉 | 牛乳 ➡ 豆乳 |

●材料 [10人分]

| | |
|---|---|
| 米粉…10g(大さじ⅔) | |
| グラニュー糖…20g(大さじ1⅓) | |
| 無調整豆乳…200mL | |
| ココナッツ油…18g(大さじ1½) | |
| レモン汁…5g(小さじ1) | |
| いちご…400g(20個) | |
| バナナ…500g(5本) | 鶏卵・牛乳・小麦不使用 |
| 米粉パン(一口大)…120g(40切れ) | |

エネルギー…126kcal
たんぱく質…2.2g
脂質…2.8g
カルシウム…13.8mg
鉄…0.6mg
食物繊維…1.3g
塩分相当量…0.1g

作り方

ポイント
やけどに注意
しながら、
ゆっくりまぜる

**①** 小鍋に米粉とグラニュー糖と、豆乳50mLを入れてなじむまで混ぜる。残りの豆乳を加えて、中火で絶えず混ぜ、沸騰したら弱火にして軽くとろみが出るまで温める(2分程度)。

**②** ①をボウルに移し、氷水を当てながらココナッツ油、レモン汁を順に加えて混ぜる。ラップをして冷蔵庫で30分ほど冷やし、豆乳カスタードをしあげる。

**③** いちごはヘタを取って縦半分に切り、バナナは2cmの輪切りにする。器に米粉パン4切れ、バナナ4切れ、いちご3切れを入れる。

**④** ③に②をのせ、最後に残りのいちごを飾る。

1. 2. 3. **4.5.**歳児

タルト生地をさつまいもで
# さつまいもの
# りんごタルト

卵＋小麦粉 ➡ さつまいも

乳（バター）➡ ココナッツ油

●材料 [10個分＝10人分]

りんご…250g（1個）

グラニュー糖…10g（小さじ2½）

さつまいも…300g（約2本）

ココナッツ油…4g（小さじ1）

エネルギー…63kcal
たんぱく質…0.4g
脂質…0.5g
カルシウム…11.8mg
鉄…0.2mg
食物繊維…1.2g
塩分相当量…0.0g

## 作り方

おいしく
できたよ

**1** りんごをいちょう切りにする。バットに並べてグラニュー糖をふりかけて20分ほど置く。
※りんごは先に保育者が8等分に切り、芯をとる。

**2** さつまいもの皮をむいて1cmの輪切りにし、水に10分ほどさらし、やわらかくゆでる。熱いうちにつぶし、ココナッツ油を加えて練り混ぜる。

**3** アルミカップに②を詰める。指を使ってふちまできっちり詰め、①をのせる。

**4** 180℃のオーブンで15分ほど焼く。

# ＼ 食物アレルギー児が参加する ／
# クッキング活動チェックリスト

参加者に食物アレルギーの子どもがいる場合、事前の準備が大事です。
以下の項目を必ず確認しましょう。

## 計画時

☐ 計画は目的、対象児年齢・発達に合っているか

☐ 参加するアレルギー児の原因食物は何か、重症度は
どの程度か

　※重症児がいる場合はクッキング活動の実施自体を見直すこと
　　も検討する。

☐ アレルギー児への配慮をした献立・計画になってい
るか（完全除去の食材・調味料を選んでいるか）

## 前日まで

☐ クッキング活動のメニュー、環境などを保護者に伝
えて了解を得ているか

☐ 使用する器具・食器類はそろっているか（すべて洗
浄済みか）

☐ すべての食材・調味料が鶏卵・牛乳・小麦、及び
対象児の原因食物を含んでいないことを確認したか
（食品表示を複数人でチェックしたか）

☐ 保護者への連絡、依頼（エプロン・三角巾の持参・
爪切り等）をしているか

☐ 保育室・調理をする台等は清潔か

当日は、体調不良の子どもはいないか確認し、通常の流れに沿っておこないます。
終了後にも、具合が悪くなっている子どもはいないか確認しましょう。

## 鶏卵・牛乳・小麦不使用 参考商品

**クリームコーン** → SUNYO 北海道産スイートコーン
クリームスタイル／株式会社サンヨー堂
- 「新キャベツ入りポテトサラダ」（p. 8）
- 「中華風スープ」（p.13）　● 「お花ずし」（p.22）

**玄米パン** → 玄米パン／株式会社タイナイ
- 「新玉ねぎの豚肉ロールフライ」（p. 9）
- 「じゃがいもスープとサンドイッチ」（p.23）

**米粉パン** → コシヒカリパン／株式会社タイナイ
- 「米粉パンのラスク」（p.18）
- 「豆乳カスタードトライフル」（p.30）

**カレー粉** → GABAN®純カレー 220g缶
／株式会社ギャバン
- 「夏野菜のコブサラダ」（p.10）
- 「なすのキーマカレーフォー」（p.10）
- 「お月さまカレーコロッケ」（p.24）

**チキンスープ** **チキンスープの素** → 「丸鶏がらスープ」
／味の素株式会社
- 「なすのキーマカレーフォー」（p.10）　● 「中華風スープ」（p.13）
- 「おばけハッシュドポーク」（p.24）
- 「クリームチキンプレート」（p.26）

**玄米フレーク** → 穂の恵 玄米フレーク てんさい糖と
ほんのり林檎の味／日本食品製造合資会社
※小麦を使用した設備で製造
- 「カジキのカリカリ揚げ」（p.11）　● 「こいのぼりランチ」（p.22）
- 「ココナッツ風味クッキー」（p.28）

**ベーキングパウダー** → AIKOKU ベーキングパウダー 赤プレミアム
100g缶（アルミ不使用）／株式会社アイコク
※小麦を使用した設備で製造
- 「米粉のおさつ蒸しパン」（p.12）
- 「ココアカップケーキ」（p.16）
- 「バナナパンケーキ」（p.18）
- 「もっちりドーナツ」（p.19）
- 「プチアメリカンドッグ」（p.21）

# 2章

# 食物アレルギー 対応の 知識と理解

- 食物アレルギー対応の現状
- 新しくなった！ 「保育所におけるアレルギー対応ガイドライン」

Part1 基礎知識

Part2 実施体制の理解

# 食物アレルギー対応の現状

園における食物アレルギー対応についての調査結果です。みなさんの施設ではどのような対応をしていますか。

## 食物アレルギーを有する子どもの割合は?

（調査児数は 1,390,481 人）

### 年齢別食物アレルギー有病率

| 0 歳 | 6.4% |
|---|---|
| 1 歳 | 7.1% |
| 2 歳 | 5.1% |
| 3 歳 | 3.6% |
| 4 歳 | 2.8% |
| 5 歳 | 2.3% |
| 6 歳 | 0.8% |
| 合計 | 4.0% |

## アレルギーを有する子どもの給食にどう対応している?

（分母は 15,722 施設）

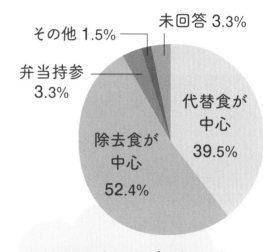

その他 1.5%
未回答 3.3%
弁当持参 3.3%
代替食が中心 39.5%
除去食が中心 52.4%

## 給食・補食・おやつの原材料を、保護者に事前に知らせている?

（分母は 15,722 施設　複数回答）

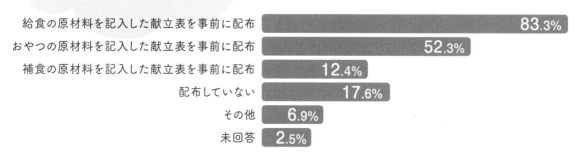

給食の原材料を記入した献立表を事前に配布　83.3%
おやつの原材料を記入した献立表を事前に配布　52.3%
補食の原材料を記入した献立表を事前に配布　12.4%
配布していない　17.6%
その他　6.9%
未回答　2.5%

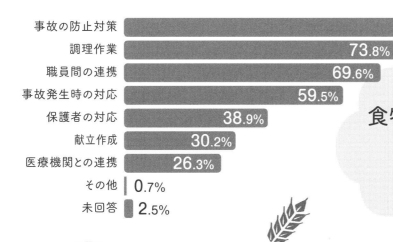

事故の防止対策　85.7%
調理作業　73.8%
職員間の連携　69.6%
事故発生時の対応　59.5%
保護者の対応　38.9%
献立作成　30.2%
医療機関との連携　26.3%
その他　0.7%
未回答　2.5%

### 食物アレルギー対応で大変なことは？

（分母は 15,722 施設　複数回答）

### 誤食・誤配がないようにどのような工夫をしている？

（分母は 15,722 施設　複数回答）

受け渡し時の確認　77.9%
専用食器・トレイなどの利用　72.5%
配膳名札の工夫　68.4%
座席固定　47.4%
個別配送・配膳　43.2%
アレルギー食材を使用しない献立作成　35.1%
子どもの名札の工夫　23.0%
その他　2.1%
未回答　3.1%

間違えて配膳してしまった　44.4%
他の園児・児童に配膳された食物を食べてしまった　16.9%
原材料の見落とし　13.7%
調理担当から保育士への伝達もれ　10.2%
園児・児童についての食物アレルギーに関する情報が職員間で共有されていなかった　8.1%
調理の段階で原因食材が混入してしまった　7.6%
保護者からの情報が足りなかった　5.2%
行事の時に間違えて食べたり、触れてしまった　3.4%
アレルギー児に詳しい人（常勤の保育士など）が休みだった　3.9%
その他　6.1%

### 誤食・誤配の原因は？

（分母は誤食・誤配のあった
4,659 施設　複数回答）

（厚生労働省平成 27 年度子ども・子育て支援推進調査研究事業補助型調査研究「保育所入所児童のアレルギー疾患罹患状況と保育所におけるアレルギー対策に関する実態調査調査報告書：平成 28 年 3 月東京慈恵会医科大学」から）

# 新しくなった！「保育所における アレルギー対応 ガイドライン」

2011 年に策定された「保育所におけるアレルギー対応ガイドライン
（以下、アレルギー対応ガイドライン）」が、
2019 年 4 月に改訂されました。「アレルギー対応ガイドライン」は、
保育者のアレルギーに対する理解を深め、保育現場でのアレルギー対応が
スムースになることで、子どもの健康と安全を守ることを目的として作成されています。
方向性は大きく変わっていませんが、次の 3 つの点が主な改訂ポイントです。

## Point 1
### 基本編と実践編の二部構成に

保育の現場でアレルギー対応がスムースにできるよう、「基本編」と「実践編」の二部構成になりました。実践編では「保育所におけるアレルギー疾患生活管理指導表（以下、生活管理指導表）」に基づく対応が解説されています。

## Point 2
### 職員、医療関係者、行政の役割を明確化し、連携項目を新設

保育所内だけでなく、医療関係者・行政の役割を細分化して明記するとともに、それぞれが連携することの必要性を強調しました。

## Point 3
### 「生活管理指導表」に基づく対応が必須になり、フォーマットを変更

改訂前は使用が必須ではなかった生活管理指導表ですが、今回、「アレルギー児の対応は生活管理指導表に基づくことが必須」とされています。また、フォーマットが少し変更になりました。

➡

➡ 37 ページから
それぞれの Point を詳しく解説！

## Point 1　基本編と実践編の二部構成に

以下、「アレルギー対応ガイドライン」の目次です。第Ⅰ部、第Ⅱ部とも、実用性を留意した具体的な構成になっています。

### 第Ⅰ部：基本編

**1．保育所におけるアレルギー対応の基本**

（1）アレルギー疾患とは

（2）保育所における基本的なアレルギー対応

　　ア）基本原則

　　イ）生活管理指導表の活用

　　ウ）主な疾患の特徴と保育所における対応の基本

　　　　① 食物アレルギー・アナフィラキシー　　② 気管支ぜん息

　　　　③ アトピー性皮膚炎　　④ アレルギー性結膜炎　　⑤ アレルギー性鼻炎

（3）緊急時の対応（アナフィラキシーが起こったとき（「エピペン®」の使用））

> 医療の専門家でなくてもわかりやすい言葉で、アレルギー及び基本的な対応について説明

**2．アレルギー疾患対策の実施体制**

（1）保育所における各職員の役割

　　ア）施設長（管理者）

　　イ）保育士

　　ウ）調理担当者

　　エ）看護師

　　オ）栄養士

（2）医療関係者及び行政の役割と関係機関との連携

　　ア）医療関係者の役割

　　イ）行政の役割と関係機関との連携

> 園内及び医療関係者、行政など関係機関との連携について具体的に説明

**3．食物アレルギーへの対応**

（1）保育所における食事の提供に当たっての原則（除去食の考え方等）

（2）誤食の防止

> アレルギー対応食の考え方及び誤食の防止についてていねいに説明

### 第Ⅱ部：実践編 （生活管理指導表に基づく対応の解説）

（1）食物アレルギー・アナフィラキシー　※食物アレルギー症状への対応の手順

（2）気管支ぜん息

（3）アトピー性皮膚炎

（4）アレルギー性結膜炎

（5）アレルギー性鼻炎

> 生活管理指導表の見方及びアナフィラキシーへの対応の手順を具体的に説明

**Point 2**

## 職員、医療関係者、行政の役割を明確化し、連携項目を新設

詳しくは56ページ

### 地域における関係機関の連携体制（イメージ）

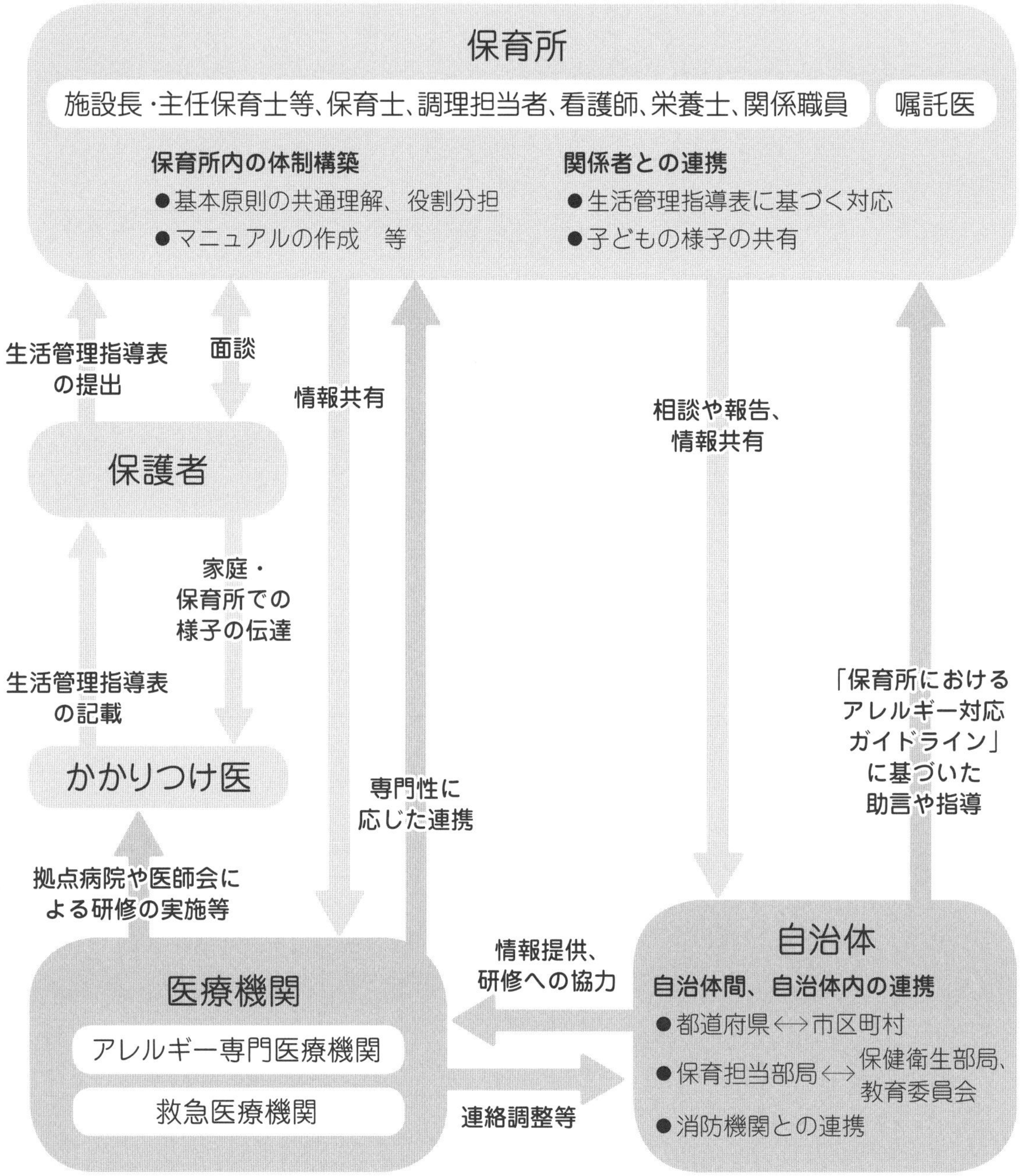

保育所
施設長・主任保育士等、保育士、調理担当者、看護師、栄養士、関係職員
嘱託医
保育所内の体制構築
●基本原則の共通理解、役割分担
●マニュアルの作成　等
関係者との連携
●生活管理指導表に基づく対応
●子どもの様子の共有
生活管理指導表の提出
面談
情報共有
相談や報告、情報共有
保護者
家庭・保育所での様子の伝達
生活管理指導表の記載
かかりつけ医
「保育所におけるアレルギー対応ガイドライン」に基づいた助言や指導
専門性に応じた連携
拠点病院や医師会による研修の実施等
医療機関
アレルギー専門医療機関
救急医療機関
情報提供、研修への協力
連絡調整等
自治体
自治体間、自治体内の連携
●都道府県←→市区町村
●保育担当部局←→保健衛生部局、教育委員会
●消防機関との連携

## Point 3 「生活管理指導表」に基づく対応が必須になり、フォーマットを変更

見方は50ページ

「生活管理指導表」の位置づけが明確になり、フォーマット変更によって、保育所でのアレルギー対応の主体が保育所にあることが明確になった。

**改訂前の「保護者と相談し決定」という文言がなくなり、「管理必要」に**

変更の背景に、「保護者と相談し決定」が「保護者の要望を聞いて対応する」という解釈につながり、安全が担保されないなどの問題が生じていたため

## 生活管理指導表

〈参考様式〉 ※「保育所におけるアレルギー対応ガイドライン」（2019年改訂版）

保育所におけるアレルギー疾患生活管理指導表（食物アレルギー・アナフィラキシー・気管支ぜん息）　提出日＿＿＿＿年＿＿月＿＿日

★保護者
電話：
★連絡医療機関
医療機関名：
電話：
【緊急連絡先】

名前＿＿＿＿＿＿　男・女　＿＿年＿＿月＿＿日生（＿＿歳＿＿ヶ月）＿＿＿＿組

この生活管理指導表は保育所の生活において特別な配慮や管理が必要となった場合に限って医師が作成するものです。

| 病型・治療 | 保育所での生活上の留意点 | 記載日 |
|---|---|---|
| A. 食物アレルギー病型<br>　1. 食物アレルギーの関与する乳児アトピー性皮膚炎<br>　2. 即時型<br>　3. その他（新生児・乳児消化管アレルギー・口腔アレルギー症候群・<br>　　食物依存性運動誘発アナフィラキシー・その他：　　）<br>B. アナフィラキシー病型<br>　1. 食物（原因：　　）<br>　2. その他（医薬品・食物依存性運動誘発アナフィラキシー・ラテックスアレルギー・昆虫・動物のフケや毛）<br>C. 原因食品・除去根拠　該当する食品の番号に○をし、かつ（ ）内に除去根拠を記載<br>　1. 鶏卵　（　）<br>　2. 牛乳・乳製品（　）<br>　3. 小麦　（　）<br>　4. ソバ　（　）<br>　5. ピーナッツ（　）<br>　6. 大豆　（　）<br>　7. ゴマ　（　）<br>　8. ナッツ類＊（　）<br>　9. 甲殻類＊（　）<br>　10. 軟体類・貝類＊（　）<br>　11. 魚卵＊（　）<br>　12. 魚類＊（　）<br>　13. 肉類＊（　）<br>　14. 果物類＊（　）<br>　15. その他（　）<br>　　　［＊は（ ）の中の該当する項目に○をするか具体的に記載すること］<br>D. 緊急時に備えた処方薬<br>　1. 内服薬（抗ヒスタミン薬、ステロイド薬）<br>　2. アドレナリン自己注射薬「エピペン®」<br>　3. その他（　） | A. 給食・離乳食<br>　1. 管理不要<br>　2. 管理必要（管理内容については、病型・治療のC. 欄及び下記C. E欄を参照）<br>B. アレルギー用調整粉乳<br>　1. 不要<br>　2. 必要　下記該当ミルクに○、又は（ ）内に記入<br>　　ミルフィーHP・ニューMA-1・MA-mi・ペプディエット・エレメンタルフォーミュラ<br>　　その他（　）<br>C. 除去食品においてより厳しい除去が必要なもの<br>　病型・治療のC. 欄で除去の際に、より厳しい除去が必要となるもののみに○をつける<br>　※本欄に○がついた場合、該当する食品を使用した料理については、給食対応が困難となる場合があります。<br>　1. 鶏卵：　卵殻カルシウム<br>　2. 牛乳・乳製品：　乳糖<br>　3. 小麦：　醤油・酢・麦茶<br>　5. 大豆：　大豆油・醤油・味噌<br>　7. ゴマ：　ゴマ油<br>　12. 魚類：　かつおだし・いりこだし<br>　13. 肉類：　エキス<br>D. 食物・食材を扱う活動<br>　1. 管理不要<br>　2. 原因食材を教材とする活動の制限（　）<br>　3. 調理活動時の制限（　）<br>　4. その他（　）<br><br>E. 特記事項<br>（その他に特別な配慮や管理が必要な事項がある場合には、医師が保護者と相談のうえ記載。対応内容は保育所が保護者と相談のうえ決定） | 　年　　月　　日<br>医師名<br><br>医療機関名<br><br>電話 |

【 **除去根拠** 】該当するもの全てを（ ）内に番号を記載
1）明らかな症状の既往
2）食物負荷試験陽性
3）IgE抗体等検査結果陽性
4）未摂取

（食物アレルギー（あり・なし）／アナフィラキシー（あり・なし））

| 病型・治療 | 保育所での生活上の留意点 | 記載日 |
|---|---|---|
| A. 症状のコントロール状態<br>　1. 良好<br>　2. 比較的良好<br>　3. 不良<br>B. 長期管理薬（短期追加治療薬を含む）<br>　1. ステロイド吸入薬<br>　　剤形：<br>　　投与量（日）：<br>　2. ロイコトリエン受容体拮抗薬<br>　3. DSCG吸入薬<br>　4. ベータ刺激薬（内服・貼付薬）<br>　5. その他（　）<br>C. 急性増悪（発作）治療薬<br>　1. ベータ刺激薬吸入<br>　2. ベータ刺激薬内服<br>　3. その他（　）<br>D. 急性増悪（発作）時の対応（自由記載）<br>（　） | A. 寝具に関して<br>　1. 管理不要<br>　2. 防ダニシーツ等の使用<br>　3. その他の管理が必要（　）<br>B. 動物との接触<br>　1. 管理不要<br>　2. 動物への反応が強いため不可<br>　　動物名（　）<br>　3. 飼育活動等の制限（　）<br>C. 外遊び、運動に対する配慮<br>　1. 管理不要<br>　2. 管理必要<br>　　（管理内容：　）<br>D. 特記事項<br>（その他に特別な配慮や管理が必要な事項がある場合には、医師が保護者と相談のうえ記載。対応内容は保育所が保護者と相談のうえ決定） | 　年　　月　　日<br>医師名<br><br>医療機関名<br><br>電話 |

（気管支ぜん息（あり・なし））

●保育所における日常の取り組みおよび緊急時の対応に活用するため、本表に記載された内容を保育所の職員及び消防機関・医療機関等と共有することに同意しますか。
・同意する
・同意しない　　　　　　　保護者氏名

**関係機関との連携を前提に、保育所内外での情報共有の確認欄を新設**

# 1 食物アレルギーとは

## 免疫の過剰反応によって出現する症状です。

食物アレルギーは、食べたり、ふれたり、吸い込んだりした食べものに対し、体が過敏に反応して起こる症状です。その仕組みや原因となる食物についてまとめます。

## 食べものを異物と認識

　私たちの体には、「異物」が体の中に入ってくると免疫反応が起こり、排除する仕組みが備わっています。通常、食べものは「異物」ではないのですが、免疫反応を調節する仕組みが過剰に働く場合などに、食べものを異物と認識してしまうことがあるのです。

　このような免疫の過剰反応によって起こる有害症状が、食物アレルギーです。

### ✚ 食物アレルギーの主な症状

**皮膚・粘膜症状**

● **皮膚**
かゆみ、じんましん、
むくみ、赤くなる、湿疹

● **目**
充血、目のまわりの
かゆみ、むくみ、涙目

● **口腔咽頭**
口腔・唇・舌の
違和感やはれ、
のどがしめつけられる感じ、
のどのかゆみ、イガイガ感

**呼吸器症状**

くしゃみ、鼻づまり、
鼻水、せき、呼吸困難

**消化器症状**

下痢、気持ちが悪い、
吐き気、嘔吐、血便

## 原因は、鶏卵、牛乳、小麦が圧倒的に多い

原因となる食べものとして多いのが鶏卵、牛乳、小麦で、全体の7割以上を占めています。落花生（ピーナッツ）や果物、魚卵、甲殻類などが続きます。

消費者庁によって、加工食品における特定原材料表示が義務づけられているのは、**鶏卵**、**牛乳**、**小麦**、**エビ**、**カニ**、**そば**、**落花生（ピーナッツ）の7品目**となります。

どの食物がアレルギーの原因となるか、体のどこにどのような症状が出るかは、個人によって異なります。

## 乳児期での有病率は10人に1人

「食物アレルギーの診療の手引き2017」によれば、低年齢の子ほど食物アレルギーの有病率は高く、乳児期には約10％、3歳児には約5％に食物アレルギーがあるといわれています。

乳児期から幼児期早期に多く発生するのは鶏卵・牛乳・小麦・大豆アレルギーですが、3歳までに約50％、6歳までに80〜90％が食べられるようになるといわれています。

年齢的に、保育所・幼稚園・こども園等に通う子どもの中に食物アレルギー患者が多いことを強く意識し、正しい知識をもって対応していくことが大切です。

▶ **表示が義務づけられている食品**

> 鶏卵、牛乳、小麦、エビ、カニ、そば、落花生（ピーナッツ）

▶ **表示が推奨されている食品**
特定原材料に準じたものとして表示が推奨されているものは、以下の21品目。

> アーモンド、アワビ、イカ、イクラ、オレンジ、カシューナッツ、キウイフルーツ、牛肉、くるみ、ごま、サケ、サバ、大豆、鶏肉、バナナ、豚肉、まつたけ、もも、やまいも、りんご、ゼラチン

※消費者庁から、食物アレルギーを引き起こす「特定原材料に準ずる」ものに「アーモンド」が追加された（2019.9.19）。

### 全身症状

- **アナフィラキシー**
  多臓器にわたる症状
- **アナフィラキシーショック**
  ぐったりする、意識障害、血圧低下

### ✚ 食物アレルギーの原因食物の内訳

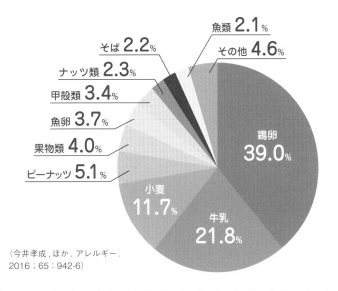

魚類 2.1%
その他 4.6%
そば 2.2%
ナッツ類 2.3%
甲殻類 3.4%
魚卵 3.7%
果物類 4.0%
ピーナッツ 5.1%
鶏卵 39.0%
小麦 11.7%
牛乳 21.8%

（今井孝成, ほか. アレルギー. 2016；65：942-6）

# 2 食物アレルギーの病型と症状

## 病型や症状の理解と、迅速な対応が求められます。

食物アレルギーは、どのようなタイプがあり、どのような症状が出るのかを知っておく必要があります。それにより、迅速に対応することができるようになります。

### 症状は多岐に渡る

　食物アレルギーの病型は、発症の特徴から主に5つのタイプに分けられます。

　このうち、即時型については症状が多岐に渡り、特定の食物を摂取したあとに、皮膚、呼吸器、消化器あるいは全身性に認められることがあり、もっとも多いのが皮膚・粘膜症状です。症状は多様で、かゆみ、せきなど、食べものが原因の症状であることがわかりにくい場合もあります。

### 食物アレルギー病型

| | 新生児・乳児消化管アレルギー | 食物アレルギーの関与する乳児アトピー性皮膚炎 | 即時型 | 特殊型 | |
| --- | --- | --- | --- | --- | --- |
| | | | | 口腔アレルギー症候群 | 食物依存性運動誘発アナフィラキシー |
| 頻度の多い発症年齢 | 新生児期 | 乳児期 | 乳幼児期 | 学童期～成人期 | 学童期～成人期 |
| 頻度の高い食物 | 牛乳 | 鶏卵、牛乳、小麦、大豆など | （乳幼児）鶏卵、牛乳、小麦、そば、魚類など | 果物、野菜など | 小麦、エビ、果物など |
| アナフィラキシーの危険 | あり | あり | 高い | 低い | 高い |

（「食物アレルギーの栄養食事指導の手引き2017」から）

# ✤食物アレルギー病型の症状と特徴

## 新生児・乳児 消化管アレルギー

【症状】

多くは粉ミルクの原料である、牛乳に対するアレルギーです。

【特徴】

● 主に、人工の育児用粉乳（粉ミルク）で育てられている新生児に起こる

● 約9割に血便や嘔吐、下痢などの消化管症状があらわれる

## 食物アレルギーの関与する 乳児アトピー性皮膚炎

【症状】

乳児アトピー性皮膚炎のある子どもで、顔や頭の湿疹がなかなか治らず、スキンケアやステロイド軟膏などによる治療をおこなっても一進一退をくり返す場合、食物アレルギーの合併が疑われます。

【特徴】

● 食物が湿疹の増悪に関与している場合がある

● 原因食物の摂取によって即時型症状を誘発することもある

● 生後3か月までに顔や頭にできる湿疹や赤みは食物アレルギーが合併している可能性がある

● 乳児アトピー性皮膚炎すべてに食物が関与しているわけではない

## 即時型

【症状】

いわゆる典型的な食物アレルギー。食後、2時間以内に症状が出ます。

【特徴】

● 原因食物を食べてから主に、2時間以内に症状が出現する

● じんましん、持続するせき、ゼーゼー、嘔吐などの症状がある場合、アナフィラキシーショックに進行する場合もある

● 乳幼児期発症例のうち鶏卵、牛乳、小麦などのアレルギーは、小学校入学までにかなりの割合の子どもが治る

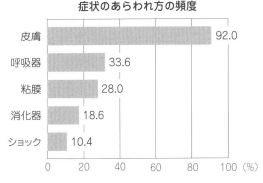

症状のあらわれ方の頻度

（今井孝成，ほか．アレルギー．2016；65：942-6）

## 口腔アレルギー症候群

【症状】

特定の果物や野菜を生で食べると、口の中がかゆくなったり、ヒリヒリと痛くなります。

【特徴】

● 花粉症と合併することが多い

● 思春期以降に多く見られる

● 食後15分以内に症状があらわれる

## 食物依存性運動誘発アナフィラキシー

【症状】

原因食物を食べたあと、運動することで起こるアレルギーです。

【特徴】

● 小麦やエビや果物など特定の食物を食べて数時間のうちに運動をすると症状があらわれる

● 食べただけ、運動しただけでは起こらない

● 小学生、中学生、高校生に多く見られるが、確率は6000人に1人程度の珍しいタイプ

● 発症するとショック症状を起こす危険性が高い

# 3 食物アレルギーの診断

## 適切な診断を受けることが大切です。

食物アレルギーが疑われる子どもの保護者には、医師の診断を受けるようにすすめ、本当に食物アレルギーなのか、食物除去が必要なのかを確認したうえで対応します。

### 適切な診断で重症化を防ぐ

　食物アレルギーの病型の中で園にいる子どもに関係するのは、主に「食物アレルギーの関与する乳児アトピー性皮膚炎」と「即時型」の食物アレルギーです。

　「食物アレルギーの関与する乳児アトピー性皮膚炎」は、通常のスキンケアやステロイド外用療法にて湿疹が改善しなかったり、湿疹がくり返したりする場合などに診断をすすめます。

　「即時型」は、食物を摂取したあとに食物アレルギーが疑われる症状が出現したり、原因不明のアナフィラキシーをくり返したりする場合に診断をすすめます。

　早期に適切に専門の医師に診断してもらい、適切な診療を受けることで、食物アレルギーの重症化を防ぐことができるといわれています。

➡食物アレルギーの
病型：42 ページ参照

➡食物アレルギーとは
：40 ページ参照

### 食物経口負荷試験で診断する

　食物アレルギーは、基本的に血液検査だけで正しく診断することはできません。実際に起きた症状や食物経口負荷試験などの専門的な検査結果と血液検査の結果を組み合わせて、医師が総合的に判断します。

▶ **食物経口負荷試験の実施**

専門医のもとで、原因と考えられる食物を少量ずつ食べ、症状の有無を確認する試験のこと。
詳しくは食物アレルギー研究会のホームページを参照。
https://www.foodallergy.jp

## 🍀 食物アレルギー診断の流れ

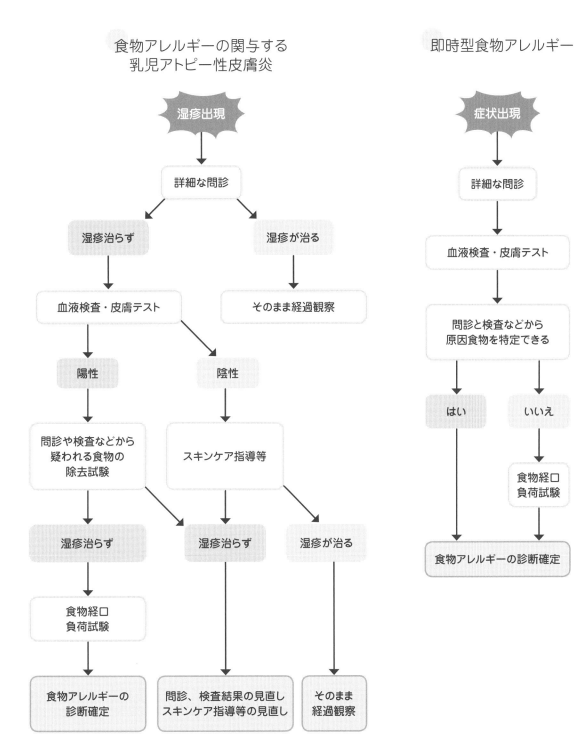

**食物アレルギーの関与する**
**乳児アトピー性皮膚炎**

湿疹出現

詳細な問診

湿疹治らず / 湿疹が治る

血液検査・皮膚テスト / そのまま経過観察

陽性 / 陰性

問診や検査などから疑われる食物の除去試験 / スキンケア指導等

湿疹治らず / 湿疹治らず / 湿疹が治る

食物経口負荷試験

食物アレルギーの診断確定 / 問診、検査結果の見直しスキンケア指導等の見直し / そのまま経過観察

**即時型食物アレルギー**

症状出現

詳細な問診

血液検査・皮膚テスト

問診と検査などから原因食物を特定できる

はい / いいえ

食物経口負荷試験

食物アレルギーの診断確定

（「食物アレルギーの診療の手引き2017」から）

2章 食物アレルギー対応の知識と理解

Part 1 基礎知識

# 4 園での基本的なアレルギー対応

## 子どもの健康と安全の確保を第一に進めます。

アレルギー対応ガイドラインに示された「保育所における食事の提供に当たっての原則」をベースに、園における食物アレルギー対応について解説します。

## 生活管理指導表を活用し、組織的に対応

　まずは、職員全員が食物アレルギーについて理解し、園のアレルギー疾患対応のマニュアルを作成して共有することが大切です。そのうえで、職員、保護者、かかりつけ医・緊急対応医療機関が充分に連携し、組織的に対応するようにします。

　なお、園での食事提供は、子どもの心身の健全な発育・発達の観点から、不必要な食物除去がなされることがないよう、医師の診断及び指示に基づく「生活管理指導表」を活用しておこなうことが必須となります。「生活管理指導表」は、入園時または診断時及び年1回以上、必要に応じて更新していきましょう。

▶ **園のマニュアルは、毎年見直す**

鶏卵アレルギーの子に魚卵を除去したり、落花生（ピーナッツ）アレルギーの子にナッツ類を除去するなどの対応は不適切である。園によっては、不適切なマニュアルをそのまま使っていることもあるので確認・更新が必要。

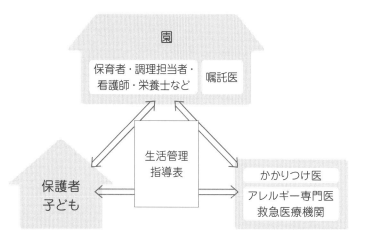

▶ **アレルギー専門医**

臨床経験や学会発表などの一定の条件を満たし、日本アレルギー学会がおこなう筆記試験に合格した医師。
日本アレルギー学会ホームページ「専門医・指導医一覧」から検索できる。
http://www.jsaweb.jp/modules/ninteilist_general/

## 安全を最優先し、完全除去による対応

　食物アレルギー対応は、一般的には医師の指導のもとで安全に食べられる量を食物経口負荷試験の結果などに基づいて確認し、徐々に除去を解除していきます。しかし、園の食事提供などの大量調理では、個人の食べられる量に合わせて食事を用意すると作業が煩雑になり、誤食の事故につながりやすくなります。

　そこで園では、原因食物の完全除去が基本です。除去していた食物を解除する場合は、医師の指示に基づき、保護者と園との間で書面申請をもって対応します。

➡参考様式「除去解除申請書」：
　111ページ

卵アレルギーですが、
卵を含む加工食品は
食べられるので
提供してもらえますか

安全性に配慮して、
園では完全除去の対
応になりますので、
卵を含む加工食品を
提供することは
できないんですよ

保護者

保育者・栄養士

## 初めて食べる食品は、家庭で確認してから

　子どもが初めて食べる食品については、家庭で安全に食べられることを確認してから園で提供を開始するようにします。

　食物アレルギーの診断がされていない子どもであっても、園において初めて食物アレルギーを発症することもあるので、注意が必要です。

➡関連情報：72・73ページ参照

# 5 生活管理指導表 活用の流れ

## 園でアレルギー対応をおこなう場合、生活管理指導表の提出は必須です。

生活管理指導表活用の具体的な流れを説明します。

### 1 アレルギー疾患を有する子どもの把握

- 入園面接時に、アレルギーについて園での特別な配慮や管理が必要な場合、保護者から申し出てもらう。
- 健康診断や保護者からの申請により、子どもの状況を把握する。

### 2 保護者へ生活管理指導表の配布

- 園と保護者との協議のうえ、アレルギー疾患により、園で特別な配慮や管理が求められる場合に配布する。

### 3 医師による生活管理指導表の記載

- 保護者はかかりつけ医に「生活管理指導表」の記載を依頼する。
- 保護者は必要に応じてその他資料等を園に提出する。

## ④
### 生活管理指導表に沿った保護者との面談①

- 「生活管理指導表」をもとに園での生活における配慮や管理、食事の具体的な対応について、施設長や担当保育士、栄養士、調理員など関係する職員と保護者が協議して対応を決める。
- 対応内容の確認とともに、情報共有の同意について確認する。

## ⑤
### 園内の職員による共通理解

- 子どもの状況をふまえた園での対応（緊急時含む）について、職員や嘱託医が共通理解をもつ。
- 定期的に、取り組み状況について報告等をおこなう。

## ⑥
### 園の対応について保護者との面談②

- 園で協議した対応を書類にまとめ、コピーを保護者に渡す。
- 保護者との協議を通じて、1年に1回以上、子どものアレルギーの状態に応じた「生活管理指導表」の再提出等を求める。

### 除去していたものを解除するときの手順

1 医師の指示による家庭での解除
（自宅で食べて症状が出ないことを1〜2か月確認する）

2 保護者から解除の申し出

3 保護者から園に「除去解除申請書」を提出

4 園での対応の決定と共通理解

5 園での対応を保護者に説明、確認

6 園での解除開始

> 個人の食べられる量に応じた部分的な解除はしない

※幼稚園の場合は「学校生活管理指導表」を活用する

➡関連情報：58・59ページ参照

49

# 6 生活管理指導表の見方

## 適切な診断を受けられているかを確認するために「除去根拠」に注目します

重症度を把握するためには、「生活管理指導表」のアナフィラキシーの有無がチェックポイントになります。

<参考様式> ※「保育所におけるアレルギー対応ガイドライン」(2019年改訂版)

**保育所におけるアレルギー疾患生活管理指導表（食物アレルギー・アナフィラキシー・気管支ぜん息）**

名前＿＿＿＿＿＿＿　男・女　＿＿＿＿年＿＿月＿＿日生（＿＿歳＿＿ヶ月）　＿＿＿＿＿＿組

※この生活管理指導表は、保育所の生活において特別な配慮や管理が必要となった子どもに限って、医師が作成するも

|  | 病型・治療 | 保育所での |
|---|---|---|
|  | 物アレルギー病型 | A．給食・離乳食 |
|  | 物アレルギーの関与する乳児アトピー性皮膚炎 | 1．管理不要 |
|  | 特型 | 2．管理必要（管理内容については、病型・治療のC.欄及び下 |
|  | 3．その他　（新生児・乳児消化管アレルギー・口腔アレルギー症候群・ | B．アレルギー用 |
|  | 　　食物依存性運動誘発アナフィラキシー・その他：　　　　　） |  |

**CHECK1**

**CHECK2**

**CHECK3**

| 食物アレルギー（あり・なし）アナフィラキシー（あり・なし） | B．アナフィラキシー病型 | |
|---|---|---|
| | 1．食物（原因：　　　　　　　　　　　　　　　　） | |
| | 2．その他（医薬品・食物依　　　　　　　ー・ラテックスアレルギー・昆虫・動物のフケや毛） | |
| | C．原因食品・除去根拠　該当　　　　　　　　　》内に除去根拠を記載 | |
| | 1．鶏卵　　　《　　　》 | [除去根拠] 該当するもの全てを《》内に番号を記載 |
| | 2．牛乳・乳製品　《　　　》 | ①明らかな症状の既往 |
| | 3．小麦　　　《　　　》 | ②食物負荷試験陽性 |
| | 4．ソバ　　　《　　　》 | ③IgE抗体等検査結果陽性 |
| | 5．ピーナッツ　《　　　》 | ④未摂取 |
| | 6．大豆　　　《　　　》 | |
| | 7．ゴマ　　　《　　　》 | |
| | 8．ナッツ類*　《　　　》 | （すべて・クルミ・カシューナッツ・アーモンド・　） |
| | 9．甲殻類*　《　　　》 | （すべて・エビ・カニ・　　　　） |
| | 10．軟体類・貝類*　《　　　》 | （すべて・イカ・タコ・ホタテ・アサリ・　　　） |
| | 11．魚卵*　　《　　　》 | （すべて・イクラ・タラコ・　　　） |
| | 12．魚類*　　《　　　》 | （すべて・サバ・サケ・　　　　） |
| | 13．肉類*　　《　　　》 | （鶏肉・牛肉・豚肉・　　　） |
| | 14．果物類*　《　　　》 | （キウイ・バナナ・　　　　） |
| | 15．その他　　《　　　》 | |
| | 「*は（ ）の中の該当する項目に○をするか具体的に記載すること」 | |
| | D．緊急時に備えた処方薬 | |
| | 1．内服薬（抗ヒスタミン薬、ステロイド薬） | |
| | 2．アドレナリン自己注射薬「エピペン®」 | |

保育所での欄（右側）：

　　　　　　　　　　　　　○、又は（ ）内に記入

　　　　　　　　　ニューMA-1・MA-mi・ペプディエット・

**C．除去食品においてより厳しい除去が必要なもの**
病型・治療のC.欄で除去の際に、より厳しい除去が必要となる
もののみに○をつける

※本欄に○がついた場合、該当する食品を使用した料理については、給食対応が困難となる場合があります

| 1．鶏卵： | 卵殻カルシウム |
|---|---|
| 2．牛乳・乳製品： | 乳糖 |
| 3．小麦： | 醤油・酢・麦茶 |
| 6．大豆： | 大豆油・醤油・味噌 |
| 7．ゴマ： | ゴマ油 |
| 12．魚類： | かつおだし・いりこだし |
| 13．肉類： | エキス |

**D．食物・食材を扱う活動**

1．管理不要
2．原因食材を教材とする活動の制限（　　　）
3．調理活動時の制限　（　　　）
4．その他　（　　　　）

※この「生活管理指導表」の書式は、厚生労働省のホームページに掲載された参考様式をもとにしている。

## 原因食物と重症度を確認する

　何のアレルギーかをまず確認します。さらに、「アナフィラキシーあり」と記載があれば重症なので、慎重に対応する必要があります。

　ただし、乳児期にアナフィラキシーの既往があり、その後数年間に一度も食物経口負荷試験を受けたことがないようなケースは、症状が軽くなっている可能性や治っている可能性もあります。いつ起こった症状なのかを確認し、数年前の既往である場合など必要に応じて医師の適切な診断を受けることをすすめます。

## 適切な診断を受けられているか

　除去の根拠によっては、食物アレルギーではない、または治っている可能性も考えられます。必要に応じて医師に確認するようすすめます。次の根拠を参考にしてください。

### ◆生活管理指導表の除去の根拠

根拠によって、信頼性の高さが異なります。

| ❶ 明らかな症状の既往 | ❷ 食物経口負荷試験陽性 | ❸ IgE抗体等検査※結果陽性 | ❹ 未摂取 |
|---|---|---|---|
| 診断根拠として高い信頼性がある。ただし、1年以上前の既往の場合は、症状が軽減されているか、治っている可能性もある。 | 医師が直接症状を確認しているのでもっとも高い信頼性がある。ただし、1年以上前の試験結果の場合は、症状が軽減されているか、治っている可能性もある。 | 食物アレルギーであると確定診断する根拠ではない。多くの食物の除去根拠として❸だけが書かれている場合は、除去する食物を減らせる可能性がある。 | 食べた経験がないまま、医師がアレルギーリスクがあると判断した食物。実際にアレルギー症状が誘発されるかどうかはわからない。 |

※IgE抗体等検査：アレルギーの血液検査のこと

## 「より厳しい除去が必要なもの」に注目!

　重篤な食物アレルギーで、より厳しい除去が必要な場合は、この欄に医師のチェックが入ります。その場合、少量の調味料等も摂取不可能となり、食事提供が困難になる場合もあります。

# 7 保護者との連携

## 保護者には適切な助言が必要です。

園における食物アレルギー対応は、保護者へのていねいな聞き取りをもとに、適切な助言をおこなうことが大切です。その手順を説明します。

### 連携は入園前から始める

　食物アレルギー児の保護者との連携は、入園前から始まります。以下の流れに沿って情報を共有しましょう。

✚ 入園までの流れ

**① 入園前健康診断**
保護者から食物アレルギーの有無を確認する

**② 生活管理指導表配布**
食物アレルギーがある場合は「生活管理指導表」を渡し、医師による診断・記入を依頼する

**③ 保護者と面談①**
保護者と面談し、保護者から提出された「生活管理指導表」の内容を確認する。原因食物、重症度、原因食物摂取後の症状、食事対応の希望状況を把握する

**④ 園での対応検討**
「生活管理指導表」の内容をふまえ、園での具体的な対応を検討する

**⑤ 保護者と面談②**
園での対応を伝えアレルギー症状が出た場合の対応や処方薬について確認する。食事対応の詳細も確認する

**入園**

## 生活管理指導表に基づいて面談をする

まずは、生活管理指導表に基づいて面談をします。記載の内容から適切な診断を受けていないと考えられる場合には、改めて診断を受けてもらうように保護者に促す必要があります。

生活管理指導表を見て適切な診断を受けているかどうかを職員が判断をするために、職員自身が「適切な診断」を理解し、判断できるようになりましょう。

また、いろいろな事情で適切な診断を受けられずにいたり、必ずしも適切ではない情報を信じて保護者が自己判断をし、不要な除去をおこなっている場合もあります。不要な除去は、食生活に過剰な負担をかけることになります。このような場合には、まずは保護者へのていねいな聞き取りから始め、適切な診断を受けてもらうよう促しましょう。

➡生活管理指導表の見方：
50・51 ページ参照

## 適宜情報提供をおこなう

保護者に適切な診断を受けてもらうために、必要に応じて、地域のアレルギー専門医のいる施設などの情報提供をおこないます。また「食物アレルギーの栄養食事指導の手引き 2017」や「保育所におけるアレルギー対応ガイドライン（2019 年改訂版）」などの公的なガイドラインを紹介するなどして、保護者自身の理解も深めておくことが大事です。

▶ **保護者にも伝えたい情報**

• 「食物アレルギーの診療の手引き
2017」
https://www.foodallergy.jp/care-guide/

• 「保育所における食物アレルギー
対応ガイドライン（2019 年改訂
版）」
https://www.mhlw.go.jp/content/000511242.pdf

• 「食物アレルギーの栄養食事指導
の手引き 2017」
https://www.foodallergy.jp/tebiki/

## 保護者の背景を理解する

食物アレルギー児をもつ保護者は、少子化、核家族化などの社会的背景や食物アレルギーの情報不足、不適切な診断などから、育児不安が高まる傾向があります。

保護者を支えていくためにも、こうした背景をよく理解して、正しい診断の知識を理解してもらえるよう根気強く働きかけていくことが大切です。

#  園の体制づくり

## 職員全員で認識を共有して対策をおこないます

園においてもっとも優先すべきことは、誤食の防止です。誤食の主な発生要因となる人的エラーを防ぐためには、職員全員で認識を共有するほか、万が一の場合に備え、体制を整えることが大切です。

### アレルギー対応委員会の設置

46ページでもふれていますが、アレルギー対応については情報共有のためにも組織的に対応することが大切です。そこで、アレルギー対応委員会を設置して、事故が起きないようにします。委員会の役割は、以下の通りです。

- 食物アレルギー児についての情報共有（原因食物・重症度・エピペン®の有無など）
- 食物アレルギーを理解するための職員研修の実施
- アレルギー対応の確認・役割分担などを主題にしたミーティング
- 園の食物アレルギー対応マニュアル作成
- エピペン®の講習受講
- 事故を想定したシミュレーション・役割分担

➡ エピペン®：98・99ページ参照

### 事故防止のためのマニュアルを作成し共有

ほとんどの園が事故防止のためのマニュアルを作成していますが、新入園児が入ってくる前に、新入園児の情報を把握し、あらためてマニュアルの見直しをおこなうようにします。

また、なんらかのミスが起こった場合には、たとえ小さなミスで

あっても、起きたときの状況分析と検証をおこない、情報を園の職員全員で共有します。合わせてマニュアルを見直し、その後の予防につなげていきましょう。

## 食物アレルギー対応はできるだけ単純化する

　誤食の主な発生要因は、35ページ掲載のアンケート結果からもわかるように、配膳ミスや原材料の見落とし、伝達もれなどの人的エラーです。これを誘発する原因の一つとして、煩雑で細分化された食物除去の対応があります。

　誤食を防ぐためには、例えば単純化した対応（完全除去か完全解除）や調理・配膳・食事の提供までの間に二重、三重のチェック体制をとることなどが大切です。

## 安全確保に必要な人員を配置する

　食物アレルギーをもつ子どもへの食事提供は、誤配・誤食が起こらないよう、安全確保に必要な人員を配置し、管理をおこなうことが大切です。

　盛りつけや配膳など、事故が起きやすい場面は、アレルギー担当者を決めて確認する、職員全員でシミュレーションをおこなうなど、安全が確保できる手順を決めておきましょう。

➡関連情報：68 〜 71 ページ参照

## 万が一事故が起こったときの対応

万が一事故が起こったときは、以下の対応をおこないます。

- 事故の報告書作成（原因の分析）
- 今後の対応に関する検討会の開催
- 食物アレルギー対応マニュアルの見直し

# 2 各職員・医師・関連機関の役割

## 各職員の役割が明確になりました。

2019年に改訂された「保育所におけるアレルギー対応ガイドライン」において、各職員、連携先の医師・関連機関それぞれの役割がより明確に示されました。それぞれの役割を具体的に説明します。

### 施設長

副園長や主任と連携しながら園として組織的に対応できるよう、体制の整備・管理運営をおこないます

★取り組み

**体制づくり**
- アレルギー対応委員会等の開催
- 園のアレルギー疾患対応マニュアルの作成
- アレルギー担当者の役割等の取り決め など

**関係機関との連携**
- 地域の医療機関や嘱託医、消防機関等との連携

**職員の資質・専門性の向上**
- 研修計画の策定（「エピペン®」の講習等） など

**子どもへの対応内容の確認**
- 保護者との面談の実施 など

### 看護師
園に配置されている場合

専門性を生かした対応が求められています

★取り組み

| | |
|---|---|
| アレルギー対応を考慮しながら保健計画を策定 | 子どもの状態の観察評価 |
| 嘱託医、子どものかかりつけ医、地域の医療機関などと連携 | 医療関係者の知見を職員や保護者に伝達 |

### 保育士

園のアレルギー疾患対応マニュアルに即して対応します

★取り組み

| | | | |
|---|---|---|---|
| アレルギー児の把握 | 食事提供の手順についての情報の把握・共有 | 緊急の対応についての情報の把握・準備 | 園の「アレルギー疾患対応マニュアル」の作成 |

★取り組み（アレルギー児）

| | | |
|---|---|---|
| 保護者との情報共有 | 関係職員との情報共有 | 安全な保育環境の構成や配慮 |
| 体調不良時の施設長等への報告・対応の協議 | | 調理担当者と連携しての誤食防止の取り組み |

## 調理担当者

誤配や誤食などが起こらないよう、子どもの安全を最優先として食事を提供します

★取り組み

| | | |
|---|---|---|
| 安全を最優先とした調理工程・環境の構築 | 調理担当者間での調理手順等の共有と確認 | 緊急時対応についての情報の把握・準備 |
| 安全を最優先とした献立の作成 | 保育士と連携しての誤食防止の取り組み | 園の「アレルギー疾患対応マニュアル」の作成 |

## 栄養士
園に配置されている場合

専門性を生かした対応が求められています

★取り組み

| | |
|---|---|
| 安全を最優先とした献立の作成 | 子どもや保護者への栄養指導 |
| 地域の子どもや保護者を支援 | 食物アレルギーについて充分考慮した食育計画の策定 |
| 園の「アレルギー疾患対応マニュアル」の作成 | |

## 嘱託医

アレルギー対応委員会への参画やアレルギー疾患対応マニュアル作成への助言・指導を通して、アレルギーを有する子どもの保育に、積極的にかかわります

★取り組み

園のアレルギー対応委員会やアレルギー疾患対応マニュアル作成への参画・助言・指導

| | |
|---|---|
| 子どもの保育や状況について、園と情報共有 | 子どもへの対応についての助言・指導 |

## かかりつけ医

「保育所におけるアレルギー対応ガイドライン」を理解したうえで、生活管理指導表を記入します

★取り組み

| | |
|---|---|
| 食物アレルギーの診断 | 保護者を通して、園に情報提供を依頼 |

地域の医師会やアレルギー専門医療機関が主催する医師向けの研修等への参加

## 地域のアレルギー専門医療機関

園に支援を求められた場合、専門性を生かしてかかわります

★取り組み

かかりつけ医と連携

# 3 園での食事提供の考え方

## どの子も安心・安全な生活が送れるようにします。

園では、食物アレルギー児も食物アレルギーのない子どもと変わらない安全・安心な生活を送ることができるように配慮します。

### 完全除去が基本

園での食事提供における原因食物の除去は、完全除去が基本です。
食事を外注している場合も、完全除去の食事を依頼しましょう。
事故防止には、除去対応を細分化しないことが必要です。

### ✚ 完全除去であっても原則提供する食品

生活管理指導表の「保育所での生活上の留意点」のC「除去食品においてより厳しい除去が必要なもの」に○がついていない場合は、原則、以下の食品については提供します。

| 除去食品 | 原則提供するもの |
|---|---|
| 鶏卵 | 卵殻カルシウム |
| 牛乳・乳製品 | 乳糖 |
| 小麦 | 醤油・酢・麦茶 |
| 大豆 | 大豆油・醤油・味噌 |
| ゴマ | ゴマ油 |
| 魚類 | かつおだし・いりこだし |
| 肉類 | エキス |

**保育所での生活上の留意点**

A．給食・離乳食
1．管理不要
2．管理必要（管理内容については、病型・治療のC.欄及び下記C.E欄を参照）

B．アレルギー用調整粉乳
1．不要
2．必要　下記該当ミルクに○、又は（　）内に記入
　　ミルフィーHP・ニューMA-1・MA-mi・ペプディエット・エレメンタルフォーミュラ
　　その他（　　　）

C．除去食品においてより厳しい除去が必要なもの
病型・治療のC.欄で除去の際に、より厳しい除去が必要となるもののみに○をつける
※本欄に○がついた場合、該当する食品を使用した料理については、給食対応が困難となる場合があります

1．鶏卵：　　　卵殻カルシウム
2．牛乳・乳製品：　乳糖
3．小麦：　　　醤油・酢・麦茶
6．大豆：　　　大豆油・醤油・味噌
7．ゴマ：　　　ゴマ油
12．魚類：　　　かつおだし・いりこだし
13．肉類：　　　エキス

E．特記事項
（その他に特別な配慮や管理が必要な事項がある場合には、医師が保護者と相談のうえ記載。対応内容に……）

D．食物・食材を扱う活動
1．管理不要
2．原因食材を教材とする活動の制限（　　　）
3．調理活動時の制限　　　　　（　　　）
4．その他　　　　　　　　　　（　　　）

## 解除の判断は、医師の指示に基づき検討

　主要原因食物の鶏卵、牛乳、小麦、大豆による食物アレルギーは成長とともに改善することが多く、3歳までに約50%、6歳までに80〜90%の子が食べられるようになるといわれます。

　そこで、食物アレルギーをもつ子どもは定期的（半年〜1年ごと）に医療機関を受診し、食物経口負荷試験を受けて、除去解除が可能か確認するのが理想です。園ではこの結果に即して、対応を検討していきます。

　除去していた食べものを解除する場合は、医師の指示に基づき、保護者と園との間で書面申請をもって対応するようにします。

▶血液検査の結果は絶対ではない

血液検査の結果だけでたくさんの食品を除去している場合がある。血液検査の結果は陽性であっても実際には症状が出ないものもあるので、保護者と話し合い、場合によっては医師の指示のもとでの食物経口負荷試験をすすめる。

➡参考様式
「除去解除申請書」：111ページ

## 家庭で安全に食べられることを確認する

　子どもが園の食事を食べて、アレルギー症状が出ることを防ぐためには、園で初めて食べる食べものがないよう、家庭で安全に食べられることを確認してから、園で提供するようにします。

　園で提供する食品の一覧を保護者に渡し、それに基づいて家庭で複数回食べておいてもらうようにします。

➡食材一覧表：72ページ参照

### ➕年齢別の新規発症の原因食物（上位3品目）

各年齢群ごとの新規発症の原因食物です。鶏卵はどの年齢にも多く、2歳以上になると様々な食物がアレルギーの原因になることがわかります。

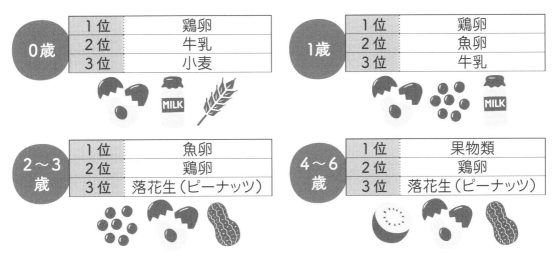

| 0歳 | | |
| --- | --- | --- |
| 1位 | 鶏卵 | |
| 2位 | 牛乳 | |
| 3位 | 小麦 | |

| 1歳 | | |
| --- | --- | --- |
| 1位 | 鶏卵 | |
| 2位 | 魚卵 | |
| 3位 | 牛乳 | |

| 2〜3歳 | | |
| --- | --- | --- |
| 1位 | 魚卵 | |
| 2位 | 鶏卵 | |
| 3位 | 落花生（ピーナッツ） | |

| 4〜6歳 | | |
| --- | --- | --- |
| 1位 | 果物類 | |
| 2位 | 鶏卵 | |
| 3位 | 落花生（ピーナッツ） | |

（「食物アレルギーの診療の手引き2017」から）

# 食物アレルギー対応マニュアルに盛り込むべき項目（例）

園で作成するマニュアルに盛り込むべき項目の一例と、項目において確認すべき
内容の例もあげました。園の状況に応じて参考にしてください。

- ☐ アレルギー児を把握するまでの手順
- ☐ 生活管理指導表の活用の手順
- ☐ 献立表に基づいた保護者との確認事項及び確認までの手順
- ☐ アレルギー児の登園の有無や、その日の献立の確認事項及び確認までの手順
- ☐ 仕込みの際の確認事項及び確認までの手順
- ☐ 調理をする際の確認事項及び確認までの手順
- ☐ 盛りつけの際の確認事項及び確認までの手順
- ☐ 配膳の際の確認事項及び確認までの手順
- ☐ 食事中の確認事項及び確認までの手順
- ☐ 誤食・誤飲が起こった際の対応や役割分担
- ☐ アナフィラキシーが起こった際の対応や役割分担について決めているか
- ☐ 自治体や医療機関等の連絡先、担当者名等はまとめてあるか

## ●調理する際の確認事項に盛り込む内容（例）

### 作業前
- ☐ アレルギー対応食を提供する子どもが登園したか
- ☐ アレルギー児ごとに、その日除去となる献立や代替食の有無を確認したか

### 仕込み
- ☐ アレルギー対応食の食材は最初に仕込んだか
- ☐ アレルギー対応食の食材とほかの食材は別々に保管していたか
- ☐ 調理器具はよく洗い、消毒してあるか
- ☐ アレルギーの原因となる食品のゆで汁や戻し汁等が、ほかの食材につかないように注意したか

### 調理
- ☐ アレルギー対応食は最初に調理したか
- ☐ 使い捨て手袋は作業ごとに取り替えたか
- ☐ 油は新しいものを使用したか
- ☐ 調理器具はよく洗い、消毒したか

### 盛りつけ
- ☐ アレルギー対応食は最初に盛りつけたか
- ☐ アレルギー対応食専用の食器を使用したか
- ☐ 盛りつけたらすぐにラップして名前を記入したか
- ☐ 朝、確認した献立とアレルギー対応食が合っているか

### 配膳
- ☐ アレルギー対応食の献立と合っているか
- ☐ 喫食中の誤食・誤飲がないように、テーブルを別にする等の環境設定をおこなっているか

### 食事中・食後
- ☐ おかわりの際、保育者がつき添ったか
- ☐ おかわり用の食器は、原因食物ごとに色分けをして盛りつける等の工夫をしてあるか
- ☐ 食後、アレルギー児にアレルギー症状が出現していないか

（「保育園・幼稚園・学校における食物アレルギー日常生活・緊急時対応ガイドブック」から）

**3章**

# 食物アレルギー
# 発生の予防

# 1 献立作成時の注意

## 事故が発生しにくい献立を意識します。

新規の症状を誘発するリスクが低く、調理室における混入が発生しにくい献立を考えます。

### 重篤化しやすい食品、新規に症状を誘発する食品を避ける

　重篤な症状を起こしやすい食品は、そば、落花生（ピーナッツ）が知られています。また、新規発症する傾向がある食品には、魚卵、エビ、カニ、キウイなどがあり、これらの食材は、あえて園の食事提供では使わないという選択も症状誘発を予防する対策の一つです。

　なお、食物アレルギーが発症するかどうかは、実際に食べてみないとわかりません。そのため、家庭において数回以上、園で提供する量と同程度またはそれ以上の量を食べて症状が起きないことを確認できてから、提供するようにしましょう。

➡新規発症の原因食物：59ページ参照

## 毎日の献立が確認できるよう提示する

　いずれの原因食物についても、ごく微量の摂取で重篤な症状を起こす子どももいます。どの食物のアレルギーの子どもがいて、どの食物でアナフィラキシーを起こすのかといった状況をしっかり把握し、献立の食材を検討する必要があります。

　そこで、アレルギー児用の詳細な献立表（原材料が確認でき、除去内容がわかるもの）を作ることをおすすめします。色分けするなどして個人別に作成し、関係職員に配布し、担当クラスにも置いて食事の際に内容が確認できるようにしましょう。

例

小麦アレルギーの子どもの献立表

〈鶏肉の治部煮〉
鶏もも皮なし（一口大）
砂糖（上白）
米粉
しょう油（大豆・小麦）

※小麦粉を米粉に変更してある。
※しょう油の原材料に小麦が含まれるが除去不要。

## 鶏卵、牛乳、小麦を使わない献立を取り入れる

　鶏卵、牛乳、小麦は安価で手に入り、しかも重要な栄養源であることから、園での食事に多く使用される傾向があります。しかし、食物アレルギーの主要原因食物であり、これらのアレルギーをもつ子どもの割合は少なくありません。

　そこで月に何度かは、行事などの食事でアレルギー原因食物を使用しない献立を取り入れてみてはどうでしょう。また日ごろから、アレルギー原因食物を使用していない加工食品の納品が可能かどうか、といったことを栄養士や調理員と検討してみてください。

➡原因食物・新規発症の原因食物：41・59ページ参照

例 行事での食事対応例

七夕　メニュー そうめん → そうめん（小麦）→ フォー

誕生日　メニュー ケーキ → 乳（生クリーム）→ じゃがいも＋ココナッツクリーム

ひなまつり　メニュー 茶碗蒸し → 卵 → 寒天＋豆乳

➡レシピは1章参照

3章 食物アレルギー発生の予防

Part1 子どもを守る食事提供のルール

# 2 発注〜納品時の注意点

## 原材料の確認を厳重におこないます。

園での食事は、確実に原材料がわかっているものを提供します。
そのための注意点、確認ポイントをまとめます。

### 加工食品はすべての原材料を確認できたものを使用

　アレルギー児用の加工食品については、原因食物が含まれていない食品を発注します。容器包装された加工食品については、鶏卵、牛乳、小麦、エビ、カニ、そば、落花生（ピーナッツ）の7品目の表示義務があるため、表示での確認が可能です。しかし、これ以外のアレルギー原因食物については表示の義務がないために表示がなくても含まれていることがあり、厳重な注意が必要です。

　そこで、使用する加工食品は、納入業者などから、すべての原材料が明記された資料を取り寄せます。

▶ **原材料は、発注ごとに確認を**

これまでに使用したことのある食品でも規格が変わり、原材料も変わることがある。毎回、原材料の確認を必ずおこなう。

 **例 加工食品の表示**

| アレルギー原因物質<br>（ごま・大豆）の表示がある | アレルギー原因物質<br>（ごま・大豆）が省略されている |
|---|---|
| 名　　称：中華ドレッシング<br>原材料名：しょう油、食用植物油脂、醸造酢、食塩、砂糖、チキンエキスパウダー／香辛料抽出物、（一部にごま・大豆を含む） | 名　　称：中華ドレッシング<br>原材料名：しょう油、食用植物油脂、醸造酢、食塩、砂糖、チキンエキスパウダー／香辛料抽出物 |

▶ アレルギー原因食物として表示の義務があるのは「特定原材料」7品目のみ。表示が推奨されている21品目を含めて特定原材料の7品目以外は、原材料表示から省略されている可能性がある。

## 納品された食材は複数人で確認する

アレルギー児用の食材を受け取るときは、以下のことに注意し、できれば複数人で確認します。

確認後は、アレルギー児用の食材と原因食物が含まれる食材の混入がないよう、別々に保管します。

▶ 業者とのよい
コミュニケーションを！

食材の納入業者とは日常的にコミュニケーションをとり、必要な場合は園から適切に食物アレルギーに関する情報を提供する。在庫切れでほかの商品に代わる場合に特に注意する。

すべての加工食品に関して、
事前に業者から得ている
原材料情報と、
納品された食品の
原材料情報が合っているか

アレルギー原因食物の
混入がないか

アレルギー児用の
食品が原因食物に
接触していないか

**例 原材料に注意したい加工食品**（鶏卵、牛乳、小麦アレルギーに対応する場合）

例えば、ハムなどの肉加工品や練り製品には鶏卵や牛乳、小麦を使っているものが多くあります。そのほか、カレーのルウやベーキングパウダーなど、調味料にも注意が必要です。

不明な場合は
メーカーに
問い合わせる
ことが必要

**Check!**

### 鶏卵、牛乳、小麦 不使用か

ハム
ベーコン
ウィンナー

ちくわ
かまぼこ

コーン
フレーク

ベーキング
パウダー

玄米
フレーク

米粉
パン

ツナ
（缶詰）

固形
コンソメ

カレー・
シチューの
ルウ

# **3** 調理中の注意

## 確認を徹底し、作業工程・動線を工夫します。

徹底した確認、調理中の混入を防ぐための工夫、配慮、注意
が必要です。

### 調理前の確認を徹底する

　混入防止のためには、アレルギー対応食の専用作業スペースと、
専任の調理担当者が確保できれば理想的です。しかし、むずかしい
場合は、調理前〜後までの確認をしっかりおこないます。
　まず調理前に、調理担当者と食物アレルギー児の担任保育者とで、
アレルギー児の出欠・食事提供の有無を確認し、次に、該当する子
どもの体調、原因食物、食事の内容について確認します。
　さらに、調理担当者全員と複数の職員とで、その日の献立と原材
料（アレルギー児の原因食物の有無）を確認し、周知徹底します。
調理担当者が一人の場合は、前日に複数職員で確認しておくとよい
でしょう。

▶ **体調確認の意義**

子どもの体調が食後に悪くなった
のか、もともと悪かったのかがわ
かるよう、事前に体調を確認して
おく。

### 調理前の確認事項

**1** アレルギー児の出欠、
食事提供の有無を確認
➡
**2** 該当する子どもの体調、
原因食物、食事の内容を確認
➡
**3** 調理担当者全員とその日の
食事の内容（原因食物を含んで
いないか）を、声に出して確認

## 作業工程・動線を工夫し混入を防ぐ

　作業スペースの工夫や、動線を決めておくことでも混入を防ぐことができます。

　アレルギー対応食の専用作業スペースがつくれない場合は、まずアレルギー対応食から調理を始めたり、ワゴンやトレーを利用したりするなどの工夫をします。

### ✚調理室内での工夫

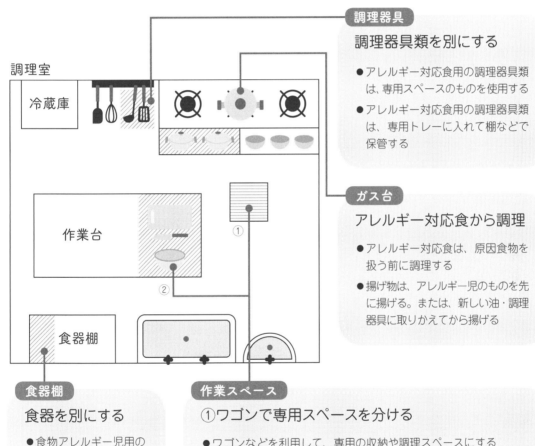

**調理器具**

#### 調理器具類を別にする

● アレルギー対応食用の調理器具類は、専用スペースのものを使用する
● アレルギー対応食用の調理器具類は、専用トレーに入れて棚などで保管する

**ガス台**

#### アレルギー対応食から調理

● アレルギー対応食は、原因食物を扱う前に調理する
● 揚げ物は、アレルギー児のものを先に揚げる。または、新しい油・調理器具に取りかえてから揚げる

**食器棚**

#### 食器を別にする

● 食物アレルギー児用の食器、専用スペースをつくる
● 食物アレルギー児用の食器は、専用トレーに入れて保管する

**作業スペース**

#### ①ワゴンで専用スペースを分ける

● ワゴンなどを利用して、専用の収納や調理スペースにする

#### ②作業スペースを分ける

● テープで枠をつくったり色を変えたりして、専用スペースを確保し明確化する
● 食材を取り分けたり加えたりする際、複数の担当者で確認する

# 4 誤配膳を防ぐ手順

## 手順とルールを徹底します。

調理後の盛りつけ、トレーへのセット、保管、配膳の流れ、調理室から保育室までの運搬について、手順とルールを決めます。

### 盛りつけ～保管の流れと確認ポイント

**1 盛りつける**
- 食物アレルギー児用の食事（主食・主菜・副菜・汁物・飲み物）を通常の食事よりも先に盛りつける
- 調理担当者など2人体制で対応食の内容を確認をする

*1回目の確認*

**2 トレーにセットする**
- 食物アレルギー児用のトレーに、必要事項を記した食札を置く
- 食札の内容を確認しながら、料理をのせて、食具（スプーン、はしなど）・コップをセットする

**3 保管前に確認をする**
- 調理担当者は、食札の内容と料理が合っているか再度確認をする

*2回目の確認*

**4 ラップをして保管する**
- できあがった料理全品にラップまたはふたをし、さらにトレー全体にもラップをかける
- 該当児の氏名をラップに油性ペンで書く
- 提供まで、通常の食事とは別に保管しておく

▶ **除去の必要がない献立のときも手順を変えない**

除去の必要がない献立のときも、アレルギー児用のトレーや食器を使い、配膳後も食器にはラップをかける。作業内容を日ごとに変えると誤配膳につながりやすいので、手順は変えないようにする。

食札

| ●●くみ |
| --- |
| ○山○子 |

| アレルギー |
| --- |
| 卵・乳 |

| 元の献立 | → | 対応食 |
| --- | --- | --- |
| ハンバーグ<br>スープ（ハム） | | ハンバーグ（卵抜き）<br>スープ（鶏肉） |

## 調理担当者から保育者への 受け渡しの流れと確認ポイント

**1** 調理室で 最終確認を する

- 調理担当者は、保育者に渡す前に、最終の確認 をする
- アレルギー対応食は、子どもに直接渡さ ず、食べる直前に保育者に渡す

**3回目の 確認**

**2** 調理担当者 から保育者に トレーを渡す

- トレーを渡す際、調理担当者、保育者を含む複 数の職員で、献立の内容を確認する
- 確認は、食札を見ながら内容を声に出し、 指差ししておこなう

**4回目の 確認**

▶ **検食者にも確認をする**
検食受け渡しの際、検食者にもア レルギー児の名前と原因食物とア レルギー対応の内容を伝える。検 食者は個別の献立表通りになって いるかを確認して検食する。

○○組、○山○子ちゃ んは卵・乳の完全除去 です

○○組 ○山○子ちゃ ん、卵・乳の完全除去 の食事ですね

主菜のハンバーグが卵 抜き、スープのハムを 鶏肉に代替してありま す

ハンバーグの卵抜き と、スープにハムが入 っていないことを確認 しました。副菜はほか の園児のものと同じで 間違いありませんか

調理担当者　　　　　保育者

間違いありません

**3** チェック表に 記入する

- アレルギー対応食を受け取った保育者は、チェ ック表に名前を記入する（担任以外が受け取っ た場合も名前を記入する）

### 受け渡しチェック表

| 組 | 氏名 | 昼 | おやつ | 補食 |
|---|---|---|---|---|
| ●● | ○山○子 | 山田 | | |
| ●● | 大○○介 | 井上 | | |
| …… | …… | …… | | |

# 5 喫食時の注意

## 配膳から下膳まで、確認を徹底します。

誤食・誤飲発生を防ぐには、調理室から保育室やランチルーム、そして調理室に戻るまでの連携が大切です。ここでは、配膳から下膳までの食事の流れと、確認ポイントをまとめます。

### 調理担当者と保育者が共通認識をもち、しっかり見守る

　トレーの上の食事がアレルギー対応食であっても、理解が充分にできていない小さな子は特に、配膳から下膳までの間に誤飲・誤食を起こす可能性があります。

　保育者は、配膳時から下膳時まで目を離さず、しっかり見守るようにしてください。

## 食事のときの基本の流れ

**1** 食札の内容を確認する
アレルギー対応食を子どもに提供する前に、複数の保育者でもう一度、食札の内容を確認する

5回目の確認

**2** 近くに座り、食事を見守る
保育者は、アレルギー児に目が届くところに座り、誤食・誤飲がないように見守る

➡1〜4回目の確認：68〜69ページ参照

**3** 下膳時まで見守る
誰かが残したものや、落としたりこぼしたりしたものにふれたり、口にしてしまわないよう、すべての食器類が調理室に戻るまで、注意して見守る

## おかわりはしないのが原則。する場合は、しっかり見守る

おかわりは、誤配・誤食が起きやすく、しないほうが安全です。はじめに子どもに食べられる量を確認して盛りつける、はじめから多めに配膳して残してもかまわないことにするなど、おかわりをしなくてすむ方法を工夫しましょう。

おかわりをする場合は、必ず保育者がつき添う、または、保育者が調理室に取りにいきます。子どもが1人でおかわりを取りに来たときは渡さないことを徹底します。

盛りつけ後には、保育者と調理担当者の2名以上で間違いがないか確認します。かならず複数で確認をおこないましょう。

## 食前・食後の対応にも注意する

食事前の手伝い活動や、食後のかたづけにおいても注意が必要です。配膳や下膳時などに原因食物を含む料理にふれる可能性があります。

ふれただけでもアレルギーの症状が出る子どももいるので、アレルギー児には、アレルギーに影響の出ない手伝いを担当させるなどの配慮が必要です。

### ♣食事の当番活動や手伝いの配慮

**Ok!** 机や椅子の移動／ランチョンマット（洗いたてのもの）を敷く／配膳前に机をふく

**No!** 配膳（盛りつける・運ぶ）／下膳／下膳後に机をふく

# 6 新規発症を防ぐ対応

## 園で初めて食べることは避けます。

園での新規発症は、多く発生しているので注意が必要です。保護者としっかり連携するための対応法、保護者へのアドバイスのポイントについてまとめます。

### 園の食事で使う食材一覧を活用する

　食物アレルギーの新規発症を避けるため、園の食事では、家庭で食べたことがない食材や食品を、園で最初に食べることがないようにします。

　そのために、園で使う食材を月齢ごとに一覧表にして保護者に渡し、必ず複数回、家庭で食べてもらうようにしましょう。

　これは、アレルギーの有無にかかわらず、食事を提供するすべての子どもに対しても同様におこないます。

### 例 確認欄を設けた食材一覧表

食物アレルギーの原因になりやすい食材（下表の「チェックする食品」）をリストアップし、保護者に渡します。食べた日を確認し、園用の用紙に保育者が記入します。

ここに ✓ チェックする

| 月齢の目安 | ● 穀類 ● 食べておく食品 | チェックする食品 | ● 野菜類・果物類 ● 食べておく食品 | チェックする食品 | ● たんぱく質食品 ● 食べておく食品 | チェックする食品 | ● その他 ● 食べておく食品 | チェックする食品 |
|---|---|---|---|---|---|---|---|---|
| 5〜6か月ごろ | おかゆ | 食パンがゆ（粉ミルク・牛乳） うどん そうめん | じゃがいも さつまいも かぼちゃ にんじん だいこん キャベツ たまねぎ きゅうり ほうれん草 白菜 ブロッコリー トマト かぶ ピーマン グリーンピース | バナナ りんご みかん類 スイカ メロン | | 白身魚 しらす干し（塩抜き） 豆腐 きな粉 プレーンヨーグルト スキムミルク | 片栗粉 野菜スープ 昆布だし | かつおだし |

食べておく食品欄には、特にチェックはしないが、家庭で食べておくように促す食品をリストアップする

（「相模原市立保育園食物アレルギー対応マニュアル」から）

## 保護者の不安には適切なアドバイスを

　アレルギー児をもつ保護者の多くは、離乳食の進め方について不安をもっています。不安から、「念のためにやめておこう」と、食物の除去を拡大する保護者も少なくありません。

　このような場合には、以下を参考に適切なアドバイスをおこない、保護者の不安をとり除きます。

### ✚ 離乳食の進め方

食物アレルギーに不安があっても、離乳食の開始時期や進行を遅らせる必要はない

皮膚症状がよくないと食物の影響を判断しにくいため、医師に相談のうえ、症状が改善してから離乳食を始める

医師の指示以外の食物を、自己判断で除去しない

初めての食物は、子どもの体調のよいときに、新鮮な食材を充分に加熱し、少量から与える
※平日の昼間に与えると、症状が出たときに医師の診察を受けやすい

離乳食開始時に利用される米、いも類（じゃがいも、さつまいも）、野菜類（大根、にんじん）が原因食物となることは少ない
※乳児期の原因食物は鶏卵、牛乳、小麦が90％を占める

（「食物アレルギーの栄養食事指導の手引き2017」から）

## 調乳では、工程の工夫と確認の徹底を

　牛乳アレルギーのある子どもがいるときは、アレルギー対応のミルク缶と哺乳びんを専用のトレーにのせるなど、区別して保存します。

　複数の調乳を同時におこなうときは、牛乳アレルギーの子どもの調乳を先におこないます。その際、牛乳アレルギーの子どもの調乳をおこなうことを保育者間で声に出して確認します。

　授乳時に取り違えないよう、保育者は、哺乳びんにつけた名札を確認し、該当する子どもの名前、ミルクの名前を声を出して複数の職員で確認してから授乳します。

➡ 関連情報：81ページ参照

▶ 授乳・離乳支援についての情報

https://www.mhlw.go.jp/content/11908000/000496257.pdf
厚生労働省「授乳・離乳の支援ガイド」（2019年改定版）

# 7 イベントなど通常と異なるときの対応

## すべての職員が情報を共有します。

誤飲・誤食の発生確率が高まるイレギュラー時に、食物アレルギーの発生を防ぐ対応についてまとめます。

### 早朝・延長・土曜保育に注意する

正規職員が少ない早朝保育・延長保育・土曜日、新任のスタッフの入職、園長が不在、栄養士が不在など、通常とは異なる体制のときはミスが起こりやすく、誤食の発生確率が高まります。

そこで、午前中や延長保育で提供する食事のルールを、すべての職員が共有するようにします。食物アレルギーの知識をともに学び、理解を深め合うことも大切です。

### イベント時には、保護者にも情報を共有する

イベントや遠足などでは、楽しい気持ちになった子ども同士が、大人が見ていないところでおやつの交換をするといった不測の事態も起こりえます。

そこで、対策として食物アレルギー児がいる場合、園で用意する食事やおやつはすべて原因食物を含まないものに限定するなどの方法もあります。

また、親子遠足などでは、アレルギー児の保護者に確認のうえ、ほかの保護者にも情報を共有し、誤飲・誤食が起こらないよう見守り合えるようにします。その際、「食物アレルギーのお友達がいるのでこのルールがある」などの印象にならないように注意します。

▶食物アレルギー児やその保護者を、「自分（たち）のせいで申し訳ない」という気持ちにさせない配慮も大事。

## 子どものクッキングは事前に材料を提示する

子どものクッキング活動などでは、参加者に食物アレルギー児がいる場合、原因食物を含まないレシピを選びます。

事前におたよりなどで、子どもクッキングのメニューと材料を提示し、保護者に確認してもらうようにします。また、子どもがアレルギーを自覚している場合は、子どもにも直接使う材料を伝えて、子どもが安心してクッキングに参加できるようにしましょう。

重症児がいる場合は、あらかじめ保護者に参加が可能か確認しますが、クッキング活動自体を見直すことも検討します。

クッキングは、みんなが一緒に安心して楽しめることが何より大切です。

➡鶏卵、牛乳、小麦を含まない
クッキングレシピ：28〜31ページ参照

## 食物・食材を使う活動にも注意が必要

まれに、少量の原因物質にふれたり、吸い込んだりするだけでアレルギー症状を起こす子どもがいます。

食事提供時以外で食物や食材を使用するときには注意が必要です。

造形遊び　　豆まきなど

小麦粘土等を使った遊び

▶ **造形遊びでは廃品利用にも注意**
牛乳パックなどを利用して玩具や遊具を作ったり、製作などに利用したりする場合、牛乳アレルギーの子どもはアレルギー症状が出ることがあるので使用しない。ジュースやお茶などの紙パックで代用する。

# 8 災害時の対応と事前準備

## 災害時用のマニュアルを作成しておきます。

災害時は、不特定多数の人が子どもと接触します。ひと目で食物アレルギーがある子どもだとわかる工夫をするなど、災害時に必要な対応をまとめます。

### アレルギーをもっていることがひと目でわかる工夫をする

　災害時は、混乱のため子ども一人ひとりへの対応がいき届きにくくなります。指定の避難所に移動する場合などでは、その子が食物アレルギーをもっていると見た目ではわかりません。

　そこで、「災害時アレルギー児一覧」を作成し、さらに、誰が見ても、この子どもが「何の食物アレルギーをもっているか」がはっきりとわかるワッペンやシール、名札を準備しましょう。その際、事前に保護者に意図や使い方を説明し、承認を得ておくようにします。

　なお、食物アレルギーだけでなく、ほかのアレルギー疾患のある子どもの対応についても考えておきましょう。

● 災害時アレルギーワッペンの例

| メイト　太郎 |
| --- |
| たべられません |
| 卵 |

①緊急時は救急搬送してください
　エピペンあり

②保護者携帯　　000-0000-0000（母）

③○○○○病院　　○○医師
　電話　000-000-0000

④園長携帯　　000-0000-0000
　園電話　000-000-0000

## 災害時の食事提供をふまえて 食物アレルギー対応食品を用意する

地震や大型台風など、災害が発生した場合の園における食事提供は、「発生直後（保護者に園児を引き渡すまで）」と「園再開後の食事」の2つに分けて備えておく必要があります。「発生直後」においてはさらに、「おやつ程度の食事」、「簡易的な食事」の二段階に分けて用意をします。

これらいずれにおいても、食物アレルギー児が食べられるものを用意しておかなければなりません。

食物アレルギー対応食品や牛乳アレルギー用ミルクのほか、原因食物を含まないみんなが食べられるものも準備をしておきます。

災害時の備蓄食品は、主食や菓子類に偏りやすいので、主食・主菜・副菜を意識してそろえるようにしましょう。

▶ **食品ストックガイド**

農林水産省では、乳幼児、高齢者、慢性疾患・食物アレルギーの方などに向けて、家庭備蓄をおこなう際に必要な情報、災害時における食事の注意点などをとりまとめた「要配慮者のための災害時に備えた食品ストックガイド」を公開している。

食物アレルギーの方の備え
http://www.maff.go.jp/j/zyukyu/
foodstock/guidebook/pdf/need_
consideration_stockguide-20-26.
pdf

## 食物アレルギー児の 「預かり備蓄システム」の導入

あらかじめ園が用意した入れ物に、災害時に必要なものを保護者に準備してもらい、園で保管する仕組みが「預かり備蓄システム」です。

食物アレルギー児には、アレルギー対応食品や、処方されている内服薬なども備えておくと安心です。

### ✿ 食物アレルギー児の 「預かり備蓄システム」 として用意すべきもの

#### 食物アレルギー児の備蓄リスト

● アレルギー対応食品（ミルク、ベビーフード、クッキーなど年齢に合ったもの）
● アレルギー対応食品を販売、備蓄している場所の地図や連絡先

**＋**

※食べものの箱などには、子どもの名前と使用されていないアレルゲンを油性ペンで書いておく。
※薬やエピペン®を預かっている場合は、避難の際に忘れず持っていく。

#### アレルギーの有無にかかわらず 最小限用意してほしいもの

**0～2歳児**

● 紙おむつ（3枚を圧縮袋に入れる）
● 着替え（上着とスタイが1回分）
● おしりふき（1袋）
● マスク（2枚）
● ポケットティッシュ（2個）
● サバイバルブランケット

**3～5歳児**

● 着替え（下着とくつ下を1着分）
● 携帯用ウェットティッシュ（1個）
● マスク（2枚）
● ポケットティッシュ（2個）
● 笛
● 手袋（子ども用軍手）
● レインコート

# 1 鶏卵アレルギー

## 食物アレルギーの中でもっとも多く見られます。

鶏卵は、加工食品や調味料など多くの食品に含まれています。
表示義務があるので、必ずチェックしましょう。

### 非加熱のもの、加熱が充分でないものに注意

　鶏卵アレルギーは、子どもの食物アレルギーの原因食物の中でいちばん多いものです。

　鶏卵アレルギーは鶏卵のたんぱく質を原因として発症します。

　卵は、熱で固まりやすい、泡立つ、乳化しやすいなどの特性があり、様々な加工食品に使われています。マヨネーズ、ハムやソーセージ、かまぼこ、クッキーなど見た目では鶏卵を含むか判断がつきにくいものも少なくありません。特に非加熱のもの（マヨネーズ、アイスクリームなど）、加熱が充分でないもの（カスタードクリーム、プリン、茶碗蒸しなど）は、アレルギーを起こす力が強いので注意します。

#### 知っておくべきポイント

**鶏肉や魚卵の除去は不要**

鶏肉や魚卵のたんぱく質は鶏卵とは異なるので、鶏卵アレルギーでも鶏肉や魚卵は除去する必要はない。ただし、鶏卵アレルギーと魚卵アレルギーの両方をもっている場合はある。

**卵殻カルシウムは除去不要**

ラムネやビスケットなどの菓子に使われている卵殻カルシウムは、卵の殻を主原料とするもので、酸化カルシウムが成分。鶏卵のアレルゲンは含まないため除去は不要である。

**殻にふれて症状が出ることも**

重篤な鶏卵アレルギーの場合は、鶏卵や殻をさわっても症状が出ることがある。対応は、生活管理指導表に沿って主治医の指示に従う。

## 肉や魚・大豆でたんぱく質を補う

　鶏卵は、たんぱく質を豊富に含む食品なので、除去をするとたんぱく質の不足が心配されます。しかし、肉や魚・大豆など、ほかにもたんぱく質を豊富に含む食品は多く、それらの食品でたんぱく質を補うようにします。そうすることで、鶏卵を除去しても栄養面での問題は生じにくくなります。

▶ 鶏卵1個中のたんぱく質と同量のたんぱく質を含む食品と量の目安

> 鶏肉：30g
> 牛肉：30g
> 絹ごし豆腐：120g
> 豚肉：30g
> 魚：30g
> 牛乳：180mL

### ◆鶏卵を含む食品と代替調理法

#### 鶏卵を含む食品（例）

- 調理パン
- 食肉加工品（ハム、ウインナーなど）
- 練り製品（かまぼこ、はんぺんなど）
- マヨネーズ
- 菓子パン
- 洋菓子類（ケーキ、プリン、カスタードクリームなど）

#### 代替調理法

**ひき肉料理のつなぎ**

- でんぷん（片栗粉、米粉、タピオカ粉）などを使う。
- じゃがいも、れんこんなどをすりおろして使う。

※豆腐や刻んだ野菜を使ったり、水分を多めに入れたりすると、やわらかく仕上がる。

**揚げものの衣**

- 小麦粉やでんぷん（片栗粉など）を溶いてからめると衣がつきやすい。
- 下味をつけて小麦粉やでんぷん（片栗粉など）をまぶし、唐揚げにする。

**ホットケーキやパンなど**

- 重曹やベーキングパウダーなどを使ってふくらませる。

※バターや牛乳、豆乳、油などを多めに入れると、しっとり仕上がる。

**彩り**

- ホールコーン、パプリカ、かぼちゃ、カレー粉、サフランを使う。

# 2 牛乳アレルギー

## 牛乳・乳製品が含まれる食品は たくさんあります。

牛乳・乳製品は、加工食品や調味料など多くの食品に含まれています。表示義務がありますが、乳製品が含まれる加工食品の表示は複雑なので、正しく表示を理解しましょう。

### カルシウム不足に注意

　牛乳を除去するとカルシウム不足になりやすいので、積極的にカルシウムを補足できるよう献立に注意します。

　小魚やカルシウムを多く含む野菜（小松菜、モロヘイヤなど）のほか、カルシウムが添加された豆乳や、大豆で作ったヨーグルトなども利用できます。

▶ **まぎらわしい表示**

乳化剤・乳酸菌・乳酸カルシウム・乳酸ナトリウム・カカオバターは、「乳」や「バター」という字が入っているが、牛乳とは関係ないので使用できる。ただし、乳化剤（乳由来）と表示されていたら除去。

## 知っておくべきポイント

### 乳の表示を理解する

乳製品が含まれる加工食品は表示が複雑なので、正しく表示を理解し、除去すべきものとしなくてよいものを認識する。

### 乳糖は基本的に摂取可能

乳糖（ラクトース）は牛乳に含まれる糖類で、牛乳アレルギーの子が除去するケースは少ないが、医師の指示に従う。

### 牛肉の除去は不要

牛乳アレルギーは牛乳のたんぱく質が原因で起こる。牛乳のたんぱく質と牛肉のたんぱく質は別のものなので、牛肉を除去する必要はない。

### 牛乳パックに注意

牛乳パックを使った造形活動などは、パックに残った牛乳にふれて症状が出る子もいる。重篤な牛乳アレルギーの子がいる場合は、麦茶などのパックを使ったり、活動内容を見直したりする。

## アレルギー用調製粉乳などを利用

完全母乳でない乳児の多くは、園においてアレルギー用調整粉乳を授乳させることになります。

アレルギー用調整粉乳にはいくつかの種類がありますが、どのミルクを利用するのかは主治医の指示に従います。

▶ **牛乳 90mL 中のカルシウムと同量のカルシウムを含む食品と量の目安**

> 牛乳アレルギー用ミルク：180mL
> 桜エビ（干）：5g
> ひじき（乾物）：7.1g
> 木綿豆腐：83g
> ししゃも（生干）：33g
> 小松菜（生）：60g

## 調理では豆乳を利用する

牛乳・乳製品は、加熱や発酵処理をしてもアレルギーを起こす力はほとんど下がりません。しかし、牛乳の代替食品として、味や風味は異なるもののほとんどの料理で豆乳が使えます。

牛乳とともに大豆アレルギーもある場合には、じゃがいもやクリームコーンなどを使用しましょう。

### ❖牛乳を含む食品と代替調理法

#### 牛乳を含む食品（例）

- 乳製品（ヨーグルト、チーズ、バターなど）
- 乳酸菌飲料
- 粉ミルク
- 洋菓子類（ケーキ、プリン、カスタードクリームなど）
- ルウ（シチューやカレーなど）

#### 代替調理法

**ホワイトソース**

- 油と小麦粉（または米粉）、豆乳などでルウを手作りする
- じゃがいもやかぼちゃをつぶして使う
- クリームコーンを使う

**洋菓子の生地やクリーム**

- 豆乳やココナツミルクを使う
- つぶした豆腐を使う
- いも類や豆腐でクリームを作る

# 3 小麦アレルギー

## 調味料などの原材料にも注意します。

パンやうどんなどは、主食のほかおやつにも使われます。調味料にも多く含まれており、注意が必要です。表示義務があるので、必ずチェックしましょう。

### 「食べてみたい」子どもの気持ちに応える配慮を

小麦粉や小麦製品などは、除去しても栄養面での問題はあまりありません。ただし、子どもの好む料理や菓子などに含まれることが多いので、「食べてみたい」という子どもの気持ちに応えるための工夫が必要になります。負担に感じている保護者のケアも必要です。

▶ **まぎらわしい表示**

麦芽糖は「麦」という字が入っているが、小麦とは関係ない。
食酢のうち、醸造酢（米酢と大麦黒酢を除く）には小麦が使用されている可能性があるが、酢に含まれる小麦たんぱく質は非常に少なく、また1回の摂取量も非常に少ないため、除去の必要はないことが多い（主治医の指示に従う）。

## 知っておくべきポイント

### 米粉パン、玄米フレークにも小麦は含まれている

米粉パンには食感をよくするために小麦グルテン（小麦たんぱく質）が入っているものがあるが、グルテンは小麦のたんぱくなのでグルテンが入っているものは使用できない。玄米フレークやコーンフレークなどにも小麦が含まれているものがある。

### しょう油は除去不要

しょう油の製造過程で小麦たんぱくが完全に分解されているため、基本的には小麦アレルギーでもしょう油を除去する必要はない。

### 他の麦類及び麦茶は医師の指示を確認

大麦、オーヅ麦、大麦で作られる麦茶などは、基本的に除去不要。ただし、医師から指示された場合は除去が必要。

### 加工品にも注意

ハムやベーコンなどの加工品にも含まれているものがあるので、表示をよく見て選ぶ。

## 運動誘発型の原因食物としても注意が必要

　小麦によるアレルギー症状には、小麦を食べてから数時間のうちに運動をするとあらわれる「食物依存性運動誘発アナフィラキシー」もあります。

　小学生から中高生に多く見られる症状で、このタイプの発症率は園では高くなく、乳幼児の事例は少ないですが、重症化しやすいため、認識をしておきましょう。

▶ **食物依存性運動誘発アナフィラキシー**

特定の食物を食べて数時間以内に運動したときにあらわれる。原因食物として、小麦が62％、甲殻類が28％でほとんどを占める。食後時間がたってからの発症のため、注意する。

### ♣小麦を含む食品と代替調理法

**小麦を含む食品（例）**

| パン | めん類<br>（うどん、パスタ<br>など） | 麩 | 洋菓子類<br>（ケーキ、クッキー、<br>カスタードクリーム<br>など） | ルウ<br>（シチューやカレー<br>など） |

**代替調理法**

**パン、ケーキなど**

●米粉、雑穀粉、いも類やおからなどを使う。

**うどんなどめん類**

●米粉や雑穀でできためん（フォー、ビーフンなど）、米粉やとうもろこしのパスタを使う。

**揚げものの衣**

●米粉のパン粉、細かく砕いたコーンフレークや玄米フレーク、細かく切った春雨などを使う。
●卵を除去しているときは、片栗粉などを水で溶いてしっかりからめ、衣がつきやすくする。

**ルウ**

●米粉や片栗粉、タピオカ粉などでとろみをつける。
●市販されている小麦不使用のルウを使う。

# 4 落花生（ピーナッツ）アレルギー

## 落花生（ピーナッツ）を含むあらゆる食品を除去します。

微量でも重いアレルギーを起こしやすく注意が必要です。表示義務があるので、必ずチェックしましょう。

### 重いアレルギー症状を起こす

落花生（ピーナッツ）は、微量でも重いアレルギー症状を引き起こしやすい食品です。カレーのルウやスナック菓子、ドレッシングなどにも使われており、注意が必要です。また、ローストするとアレルギーを起こす強さが増すこともわかっています。

表示義務のある食品なので、食品表示をしっかり確認します。また、落花生（ピーナッツ）の殻でもアレルギーの症状を起こした症例もあるので注意しましょう。

なお、落花生（ピーナッツ）を除去する場合に、ナッツ類もひとまとめにする必要はありません。落花生（ピーナッツ）は豆類であり、ナッツ類ではありません。混同しないようにしましょう。

▶ 落花生（ピーナッツ）が含まれる食品

> ごまだれ、ドレッシング、カレールウ、カップラーメン、焼肉のたれ、あんまん、スナック菓子、チョコレート菓子、チョコレートアイスクリームなど

すべての商品に入っているわけではないが、表示の確認が必要。

**知っておくべきポイント**

#### 表示を注意して見る

表示の義務がある食品なので、注文時、納入時には必ず表示を見て、含まれていないことを確認する。

#### 豆まきなどに使用するのは避ける

落花生（ピーナッツ）の殻で症状を起こしたケースがある。落花生（ピーナッツ）アレルギーの子どもがいる場合は、節分の豆まきなどにも使用しないようにする。

# 5 大豆アレルギー

## 枝豆や大豆もやしも除去が必要です。

加工食品には、大豆を原料とした乳化剤が使われていることがあります。大豆には表示義務がないので、製造元に原材料を確認するなど注意が必要です。

### 大豆以外の豆類は基本的に除去不要

　大豆、枝豆や大豆もやしは除去が必要ですが、緑豆もやしは大豆ではないので除去の必要がありません。また、あずき・えんどう豆・いんげん豆など、ほかの豆類は大豆のたんぱく質とは異なるので、基本的に除去する必要はありません。

　また、大豆から加工されるしょう油とみそは、醸造過程で大豆アレルギーの原因となるたんぱく質の大部分が分解されるため、多くの場合、除去の必要がありませんが、医師の指示を確認する必要があります。

　なお、落花生（ピーナッツ）と同様、豆まきなどに使用するのはやめましょう。

▶ **大豆が含まれる食品**

> ドレッシング、菓子類など

すべての商品に入っているわけではないが、表示の確認が必要。

### 知っておくべきポイント

**表示の「乳化剤」「レシチン」に注意**

市販の菓子やドレッシングなど、多くの食品に大豆を原料とした乳化剤が使われている。大豆には表示義務はないが、「乳化剤」「レシチン」などと表記されている場合は、大豆が使われている場合があるため、製造元に原材料を確認する。

**あずき、えんどう豆、いんげん豆は食べられる**

大豆アレルギーがあっても、大豆以外の豆類なら基本、食べられる。念のため医師に確認する。

# 6 その他の アレルギー

## 表示義務のないものにも注意します。

そば、ピーナッツ、ごま、ナッツ類、甲殻類、軟体類、魚卵、肉類、果実類などを除去します。

---

**表示義務 あり**

### そば

**そばアレルギーは重篤化 しやすいので注意が必要**

そばをゆでる蒸気や舞っているそば粉が原因で症状が出ることもあります。そばアレルギーの子どもがいる場合は、そば打ち体験などの活動は避けたほうがよいでしょう。そばまんじゅう、そば枕などにも注意。

### 果実類

**報告が多いのはキウイ、 りんご、もも、メロン、バナナなど**

生で食べると症状が出る場合でも、加熱をすれば食べられることがあります。一方、加熱してもアナフィラキシーを起こすケースがあるので注意します。

### ごま

**ごま油は、除去の 必要がないことが多い**

ごま入りのパン、菓子などにも注意します。ごま油の摂取が可能であるかは、主治医に確認しましょう。

### ナッツ類

**すべてをまとめて 除去する必要はない**

ナッツ類は1つずつたんぱく質が違うので、まとめて除去する必要はありません。ただし、カシューナッツとピスタチオ（同じウルシ科）、クルミとペカンナッツ（同じクルミ科）は、どちらかにアレルギーがあれば両方除去します。

※食物アレルギーを引き起こす「特定原材料に準ずる」ものに「アーモンド」が追加されています（2019.9.19）。

## 軟体類

**軟体類と甲殻類は
分けて考える**

　イカ、タコなどの軟体類のアレルギーの場合、甲殻類を除去する必要はありません。また同様に、貝類を除去する必要もありません。

表示義務
あり

## 甲殻類
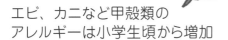

**エビ、カニなど甲殻類の
アレルギーは小学生頃から増加**

　練り製品、調味料にも含まれていることがあります。しらすを除去する必要は、基本的にはありません。

## 魚類

**ヒスタミン不耐症は
食物アレルギーとは異なる**

　魚のアレルギーは、魚の筋肉中のたんぱく質が主な原因で起こります。

　サバなどの青魚は、鮮度が落ちてくると魚にヒスタミンが増加し、このヒスタミンを摂取すると、じんましんなどの症状が出ることがありますが、これはヒスタミン不耐症であり、食物アレルギーとは発症のメカニズムが異なります。青魚アレルギーという考え方はないので、不必要な除去はしないようにしましょう。

　また、魚類のだしに含まれるたんぱく質は微量なので、魚類アレルギーでもほとんどの場合、だしを摂取することが可能です。

## 魚卵

**イクラのアレルギーが
多く報告されている**

　1〜2歳児の食物アレルギーの新規発症の原因食物として、イクラが上位にあがっています。イクラは生ものであり、食中毒の観点からも食物アレルギーの発症予防の観点からも、早期に与えることはすすめられません。

## 肉類

**肉類が食物アレルギーの
原因になることは多くない**

　不要な除去を避けるためにも、適切な診断を受けることが大切です。ハムやソーセージで症状が出る人は、肉に反応しているのではなく、つなぎの鶏卵や牛乳が原因の場合が多くあります。

# 7 アレルギー表示

## 加工食品の原材料表示のルールを覚えましょう。

加工食品の原材料表示は複雑で、発注・使用の際はよく確認
する必要があります。

### 加工食品の使い方

　原材料の確認のとれない加工食品を、園での食事に使用すること
はできません。製造業者や納品業者が食物アレルギーの最新の情報
をもっているとは限らないため、園側から食物アレルギーに関する
情報を提供し、啓発をおこなう必要がある場合もあります。

　利用する食品の原材料が変更される、規格が変わるなどの場合は、
必ず情報が記載された書類を提出してもらい、保管しておくように
しましょう。

▶ **注意喚起表示**

　食品製造過程で、特定原材料等が
意図せず混入すること（コンタミ
ネーション）を排除できない場合、
注意喚起表示が促されている。
特定原材料等に対する最重症の患
者でなければ、注意喚起表示があ
っても基本的に摂取できる。

例：「本部製造工場では○○を含む
　　食品を生産しています」
　　「○○を使用した設備で製造し
　　ています」

### 知っておくべきポイント

## 加工食品の表示の見方を知っておく

代替表記、拡大表記い
ずれも特定原材料を含
んでいると理解する必
要があります。

（消費者庁　食品表示基準
別添アレルゲンを含む食品に
関する表示　別表3から）

### 食品表示法（新法）による特定原材料の代替表記等リスト

| | 代替表記 | 拡大表記（表記例） |
|---|---|---|
| | 表記方法や言葉が違うが、特定原材料と同一と理解できる表記 | 特定原材料名または代替表記を含み、これらを用いた食品であると理解できる表記例 |
| えび | 海老、エビ | えび天ぷら、サクラエビ |
| かに | 蟹、カニ | 上海がに、マツバガニ、カニシューマイ |
| 小麦 | こむぎ、コムギ | 小麦粉、こむぎ胚芽 |
| そば | ソバ | そばがき、そば粉 |
| 卵 | 玉子、たまご、タマゴ、エッグ、鶏卵、あひる卵、うずら卵 | 厚焼玉子、ハムエッグ |
| 乳 | ミルク、バター、バターオイル、チーズ、アイスクリーム | アイスミルク、生乳、ガーリックバター、牛乳、プロセスチーズ、濃縮乳、乳糖、加糖れん乳、乳たんぱく、調製粉乳 |
| 落花生 | ピーナッツ | ピーナッツバター、ピーナッツクリーム |

乳の表記は
複雑なので
特に注意する

# 原材料表示の見方

41ページでも示している通り、食品表示法では、表示が義務づけられている特定原材料7品目と、表示が推奨されている特定原材料に準ずる21品目があります。「個別表示」が原則ですが、表示スペースが狭い場合などは「一括表示」でもよいことになっています。

 **個別表示と一括表示**

園の食事で使われる加工食品には、以下のようなものがあります。表示をよく確認しましょう。

**水産練り製品**
- ちくわ
- かまぼこ
- はんぺん
- 魚肉ソーセージ　など

**肉加工品**
- ハム
- ソーセージ
- ベーコン　など

**調味料**
- マヨネーズ　● 顆粒スープの素
- ケチャップ　● カレールウ
- ドレッシング　● マーガリン　など

## 個別表示

個々の原材料の直後に、それぞれに含まれるアレルギー物質を（　）書きで表示する。

例
> 名　称：パン
> 原材料名：小麦粉、糖類、卵／ショートニング（大豆油を含む）、脱脂粉乳、イースト、食塩、乳化剤、酸化防止剤（V.C.）

例
> 名称：かまぼこ
> 原材料名：魚肉、卵白、でん粉（小麦含む）、発酵調味液（大豆）、砂糖、食塩、やまいも／加工でん粉、調味料（アミノ酸等）、pH調整剤、乳製品、増粘多糖類

## 一括表示

すべての原材料、添加物を記載し、最後にアレルギー物質を（　）にまとめて表示する。

> 名称：パン
> 原材料名：小麦粉、糖類、卵／ショートニング、脱脂粉乳、イースト、食塩、乳化剤、酸化防止剤（V.C.）、（原材料の一部に大豆を含む）

> 名称：かまぼこ
> 原材料名：魚肉、卵白、でん粉、発酵調味液、砂糖、食塩、やまいも／加工でん粉、調味料（アミノ酸等）、pH調整剤、乳製品、増粘多糖類、（原材料の一部に小麦・大豆を含む）

（「アレルギー物質を含む加工食品の表示ハンドブック」から）

3章 食物アレルギー発生の予防

Part 2 原因食物除去のポイント

# 1 子どもへの対応

## 楽しく食べるためのサポートも大切にします。

保育者は、園の栄養士や調理師とも連携し、子どもが安心して
楽しく食べられるようサポートします。

### 安全を基本に、楽しく食べられる配慮を

「みんなで食べると、おいしいね」「楽しく食べると、おいしいね」。
これが食育の基本です。保育者は、安全な食事提供を第一にしなが
らも、アレルギーのある子どもがほかの子どもたちと同様、「楽し
く食べられているか」などの視点をもって、様子を見守るようにし
ます。

### ❖ 安全に食べるための見守りポイント

様子に
変化がないか

まわりの子の
料理が、
手の届かない
位置にあるか

該当する
アレルギー児の
食事内容で
間違いがないか

まわりに
食べこぼしが
ないか

# 子どもにわかりやすくアレルギーを伝えていく

職員全体での組織的な対応は基本ですが、最終的には子どもが自分で自分の身を守れるようになっていくことが必要です。

そのためにも、子どもの発達に応じて、理解できるところから食物アレルギーについて伝えていきます。

また、まわりの友達の理解によっても、誤食のリスクが抑えられます。子ども同士がしぜんと声をかけ合えるよう、食物アレルギーのある子どもだけでなく、クラスみんなが理解できるよう伝えていきましょう。

## ✚ 子どもへの伝え方

### 低年齢児

### まずは本人に食べてはいけないものを伝える

卵、牛乳、プリン（卵・乳）、うどん（小麦）、パン（小麦・卵・乳）などの絵や写真を見せながら、「今は食べてはいけない」ことを伝える。

> 卵は食べられないんだよ

### 4・5歳児

### 食べてはいけない理由も伝える

その子やまわりの友達に、理解できる言葉を使って、なぜ食べてはいけないかを伝える。絵本などを使うのもよい。

> ○○ちゃんの体は、牛乳を飲むと、体に合わないものが入ってきたと思ってやっつけようとしてしまうんだよ。それで、おなかが痛くなったり体がかゆくなってしまうんだよ。みんなも気をつけてあげよう

▶ **食物アレルギーについて描かれた絵本・紙芝居**

絵本や紙芝居は、内容が幼児にむずかしい場合でも、保育者が子どもたちにかみくだいて伝える際の参考にもなる。

『ちかちゃんのきゅうしょく―食物アレルギーのおはなし』（かもがわ出版）

『いっしょのちがうもの』（絵本塾出版）

『ピーナッツアレルギーのさあちゃん』（ポプラ社）

『たべられないよアレルギー』（紙芝居・童心社）

※購入については、お近くの書店などにお問い合わせください。

# 2 保護者対応

## 食物アレルギーに関する情報を共有します。

保護者の気持ちをじっくりと受け止め、食物アレルギーに関する
情報を共有し、連携します。保護者の不安を解消できるようサ
ポートするのも園の役割です。

### 面談でじっくりと話を聞く

　乳幼児の生活の基本は本来家庭にありますが、共働き、生活の多
忙化、世帯の孤立化によって、園での食事が占める重要性は年々増
しています。

　一般的にアレルギー児の保護者は育児不安に陥りやすいことから、
できるだけ保護者の声に耳を傾け、食物アレルギーの正しい情報を
伝え、啓発していくことが大切です。

　最初の面談ではできるだけ時間をとり、クラス担当だけでなく、
調理師や栄養士など調理関係の職員など複数でじっくり話を聞くこ
とが大切です。その際、面談の内容を項目別に具体的に記録する「面
接内容記入シート」を活用すると、その後の対応や、医師との連携
にも役立ちます。

➡参考様式「面接内容記入シート」
104・105 ページ

### アレルギーになった原因が
### 保護者の責任ではないと伝える

　妊娠及び授乳中の母親の食生活の工夫（特定のものを積極的に食
べる、あるいは特定のものを食べないなど）をしても、子どもの食
物アレルギーは予防できないと考えられています。子どものアレル
ギーは保護者の責任ではないことを伝え、保護者の気持ちが楽にな
るように支えます。

## 保護者の負担を理解する

　子どもの症状が重篤だったり除去品目が多いと、保護者の負担が増え、心身ともに疲弊する傾向があります。

　保護者の大変さを受け止めサポートするためには、保護者が自分の感じている悩みを言葉にできるような対応が求められます。そして、保育者や栄養士、調理担当者が保護者とともに考え、解決に向かえるようにしていきます。

### ✚ 保護者の悩みとサポートの心得

**保護者の悩み**

| | | |
|---|---|---|
| 外食ができない | 正しい情報が得られない | 食品表示だけで判断できない |
| 理解者がおらず孤立 | 食べられる食品が少ない | 除去品目が多く、日々献立に悩む |
| 献立作成に行き詰まる | 誤食が心配 | 子どもの成長や将来が不安 |

家族や地域などの理解が得られない　情報の氾濫によって混乱している　微量の原因食物でも重篤な症状があらわれることがあり、緊張から解放されない

**保育者のサポートの心得**

#### 話を聞く姿勢

| 保護者が話しやすい場所と充分な時間を | こちらの考えを挟まず、まずは保護者の話を聞く | 保護者の話を非難したり否定せず、そのまま受け止める | 聞いていることを表情・姿勢などで表し、あいづちをうって保護者の思いに共感する |
|---|---|---|---|

#### 解決に向けた支援の姿勢

| 保護者とともに解決の道を考える | 保護者の思いをくみ取って、専門家として具体的にアドバイスをする | 保護者の自己決定を支援し、支える |
|---|---|---|

参考様式

## 食札

園長印

| 氏　名: | | | | | 提供日: 令和　　年　　月　　日 | | | |
|---|---|---|---|---|---|---|---|---|

原因食物:

提供する食事:　　　午前おやつ　・　昼食　・　午後おやつ　・　延長おやつ

| | 内容 | 除去食品名 | 代替食品名 | 給食① | 給食② | 給→保 | 保育 |
|---|---|---|---|---|---|---|---|
| 主食 | | ・無 | ・無 | ☐ | ☐ | ☐ | ☐ |
| 主菜 | | ・無 | ・無 | ☐ | ☐ | ☐ | ☐ |
| 副菜 | | ・無 | ・無 | ☐ | ☐ | ☐ | ☐ |
| 汁物 | | ・無 | ・無 | ☐ | ☐ | ☐ | ☐ |
| 飲み物 | | ・無 | ・無 | ☐ | ☐ | ☐ | ☐ |
| おやつ | | ・無 | ・無 | ☐ | ☐ | ☐ | ☐ |
| 他 | | ・無 | ・無 | ☐ | ☐ | ☐ | ☐ |
| | | | 確認者サイン | | | | |

## 記入例

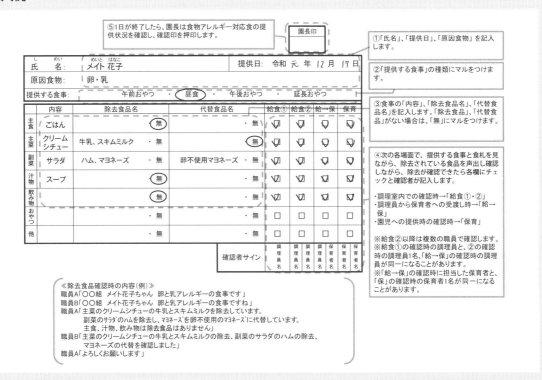

⑤1日が終了したら、園長は食物アレルギー対応食の提供状況を確認し、確認印を押印します。

①「氏名」、「提供日」、「原因食物」を記入します。

②「提供する食事」の種類にマルをつけます。

③食事の「内容」、「除去食品名」、「代替食品名」を記入します。「除去食品」、「代替食品」がない場合は、「無」にマルをつけます。

④次の各場面で、提供する食事と食札を見ながら、除去されている食品を声出し確認しながら、除去が確認できたら各欄にチェックと確認者が記入します。

・調理室内での確認時→「給食①・②」
・調理員から保育者への受渡し時→「給→保」
・園児への提供時の確認時→「保育」

※給食②以降は複数の職員で確認します。
※給食①の確認時の調理員と、②の確認時の調理員1名、「給→保」の確認時の調理員が同一になることがあります。
※「給→保」の確認時に担当した保育者と、「保」の確認時の保育者1名が同一になることがあります。

≪除去食品確認時の内容（例）≫
職員A「○○組　メイト花子ちゃん　卵と乳アレルギーの食事です」
職員B「○○組　メイト花子ちゃん　卵と乳アレルギーの食事ですね」
職員A「主菜のクリームシチューの牛乳とスキムミルクを除去しています。
　　　副菜のサラダのハムを除去し、マヨネーズを卵不使用のマヨネーズに代替しています。
　　　主食、汁物、飲み物は除去食品はありません」
職員B「主菜のクリームシチューの牛乳とスキムミルクの除去、副菜のサラダのハムの除去、
　　　マヨネーズの代替を確認しました」
職員A「よろしくお願いします」

**4章**

# 食物アレルギー
# 発生時の対応

● アナフィラキシーへの対応
● 薬と与薬・エピペン® の使い方
● アナフィラキシー発生時の連携

# 1 アナフィラキシーへの対応

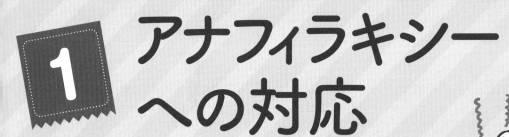

## 一刻も早い適切な対応が必要です。

アナフィラキシーは、食物アレルギーの中でも重篤な症状です。生命にかかわるため、日ごろから対応方法を理解し、発症があった際の役割分担をしておきます。

### アナフィラキシーの場合は適切な対応を

アナフィラキシーは、原因となる食品を食べたあと、皮膚・呼吸器・消化器などの症状が複数同時にあらわれる症状です。悪化すると血圧が低下し、意識を失う・アナフィラキシーショックを引き起こす可能性があるため、早めの対応が必要です。

アナフィラキシーは、あっという間に症状が悪化します。顔色が真っ青になったり、息をしにくいような症状が見られると、窒息の危険があります。体の力が抜け、意識がなく、失禁があるような場合は、アナフィラキシーショックを引き起こしています。誤食で症状が出ているケースは、症状を注意深く観察し、適切に判断して対応しましょう。

#### ✚ アナフィラキシーに備えた日ごろからの準備

| 内服薬や<br>エピペン®の扱い | ●すぐに取り出せる場所に保管し、職員全員が保管場所を知っておく<br>●残量や使用期限を定期的に確認する<br>●外出時は必ず携帯する |
|---|---|
| 園での対応体制 | ●「生活管理指導表」で、アナフィラキシーの既往の有無を確認しておく<br>●「緊急時個別対応票」で、対応を保護者と共有しておく<br>●保護者と相談し受診する医療機関をあらかじめ決めておく<br>●エピペン®の使い方について指導を受けておく |

➡参考様式「緊急時個別対応票」：108・109 ページ

## ✚アナフィラキシーへの対応方法

### 食後、子どもの様子がおかしい

⬇

**①　症状の確認**

| 消化器の症状 | 呼吸器の症状 | 全身の症状 |
|---|---|---|

**消化器の症状**
- くり返し吐き続ける
- 持続する（がまんできない）おなかの痛み

**呼吸器の症状**
- のどや胸が締めつけられる
- 持続する強いせき込み
- 声がかすれる
- ゼーゼーする呼吸
- 犬が吠えるようなせき
- 息がしにくい

**全身の症状**
- くちびるや爪が青白い
- ぐったり
- 脈がふれにくいまたは不規則
- 尿や便をもらす
- 意識がもうろう

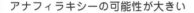

**1つでも症状がある**　　　　　　　**上記の症状がない**

⬇　　　　　　　　　　　　⬇

**アナフィラキシーの可能性が大きい**

**②　ただちにエピペン®を使用する**
⇒エピペン®の使い方は 99 ページ

**③　救急車を呼ぶ**

**④　できるだけその場であお向けに寝かせ、救急車を待つ**

- 足を 15～30cm 高くする
- 呼吸が苦しそうなときは、上体を少し高くする
- 嘔吐の症状があるときは、顔を横向きにする
- 移動させる必要がある場合は、横抱きまたは担架で運ぶ

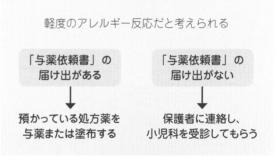

**軽度のアレルギー反応だと考えられる**

| 「与薬依頼書」の届け出がある | 「与薬依頼書」の届け出がない |
|---|---|
| ⬇ | ⬇ |
| 預かっている処方薬を与薬または塗布する | 保護者に連絡し、小児科を受診してもらう |

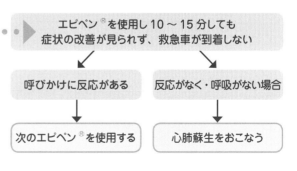

➤ エピペン®を使用し 10～15 分しても症状の改善が見られず、救急車が到着しない

| 呼びかけに反応がある | 反応がなく・呼吸がない場合 |
|---|---|
| ⬇ | ⬇ |
| 次のエピペン®を使用する | 心肺蘇生をおこなう |

（「ぜん息予防のためのよくわかる食物アレルギーガイドブック」から）

# 2 薬と与薬・エピペン®の使い方

## 医師の指示に沿って対応します。

緊急を要するために、園での与薬が必要なことがあります。医師からの指示を、保護者から正確に聞き取って対応しましょう。

### 医師の指示に基づいた薬を与薬

基本的に医師が子どもの症状に応じた薬を処方し、保護者に「どのような症状が起こったら、どの薬を使用するか」の説明がなされています（下表）。アレルギー症状が起こったときに、その状況に応じて薬を使用する必要があるので、園は、保護者から提出された生活管理指導表の内容を照らし合わせて、確認しておくことが必要です。

▶ **与薬依頼書**

園での子どもへの与薬は、医師の指示に基づいた薬に限定している。その際、保護者が医師名、薬の種類、内服方法が具体的に記載された「与薬依頼書」を持参するよう決められており、食物アレルギーに関する薬もこの原則に基づく。

➡ 参考様式「誤食時内服薬・点眼薬・塗り薬保管・与薬依頼書」：110 ページ

### 食物アレルギーの症状に使う薬

| 一般名 | 抗ヒスタミン薬 | 経口ステロイド | 気管支拡張（吸入）薬 | アドレナリン自己注射薬 |
|---|---|---|---|---|
| | 内服薬・貼付剤 | 内服薬 | 吸入薬 | エピペン® |
| 症状 | アレルギー症状が軽症から中等症まで | 抗ヒスタミン薬で症状が治まらないとき | 呼吸器症状 | 気管支拡張薬が効かないアナフィラキシー |
| 作用など | 症状を起こす原因となる化学物質ヒスタミンの働きを抑える。最近は眠気の副作用のない薬が開発されているが、乳幼児には使えないものもある。効果が出るのに約1時間かかる。 | 体内の副腎皮質ホルモンをまねて作られた薬で、炎症やアレルギー症状を抑える。抗ヒスタミン薬が効かない場合に使用するが、効果が出るまで数時間かかる。 | ぜんそくや食物アレルギーの影響で狭くなった気管支を広げて、呼吸を楽にさせる。年齢により1度に1〜2回吸入。 | アナフィラキシーの治療にもっとも有効。末梢の血管に働き、気道の拡張や血圧低下を劇的に改善させる。ショックに至る前に打つことがすすめられ、数分で効果が出る。 |

（『食物アレルギーのすべてがわかる本』監修：海老澤元宏／講談社から）

# エピペン®の使用に備える

保護者が持参したエピペン®を預かる場合は、保護者と面談をして、生活管理指導表に沿って緊急時の対応について充分確認をし、「緊急時個別対応票」を作成します。

エピペン®は本来、本人自ら、もしくは保護者が注射するためのものですが、重篤な症状があらわれた場合には緊急対応として園長や職員が注射することが想定されます。

➡参考様式「緊急時個別対応票」
：108・109ページ

➡アナフィラキシー発生時の連携：100・101ページ参照

## ✚エピペン®のしくみと打ち方

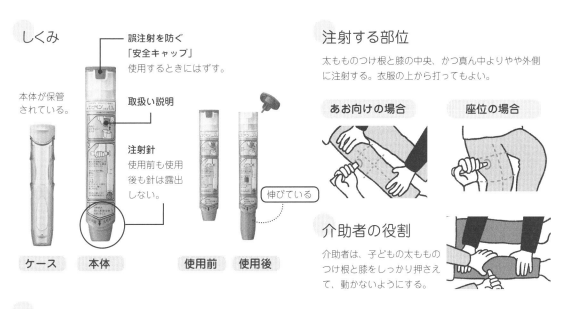

**しくみ**

本体が保管されている。

ケース　本体　　使用前　使用後

誤注射を防ぐ「安全キャップ」
使用するときにはずす。

取扱い説明

注射針
使用前も使用後も針は露出しない。

伸びている

**注射する部位**

太もものつけ根と膝の中央、かつ真ん中よりやや外側に注射する。衣服の上から打ってもよい。

**あお向けの場合**　　**座位の場合**

**介助者の役割**

介助者は、子どもの太もものつけ根と膝をしっかり押さえて、動かないようにする。

### 手順

①カバーキャップを押し開け、エピペン®を取り出す。

②エピペン®を握り、反対の手で青色の安全キャップをはずす。

注 先端のオレンジ色のカバー部分にはさわらない。

③エピペン®を持ち替えずにオレンジ色の部分を太ももに垂直に当て、強く押しつける。カチッと音がしたら数秒間待って抜き取る。

④オレンジ色のカバーが伸びていることを確認し（伸びていれば注射ができている証拠）、携帯ケースに戻す（オレンジ色の部分が伸びているため、ふたは閉まらない）。

（マイランEPD合同会社エピペンサイト https://www.epipen.jp から）

# 3 アナフィラキシー発生時の連携

## 対応の流れと役割を職員全員が共有します。

症状が出たときに迅速で的確な対応ができるよう、対応の流れ
を職員全員が共有し、役割分担を決めておきます。

### 担当を決め、日ごろから訓練をする

アナフィラキシーが起きたときの対応の流れや役割について、職
員全員が共有し、担当を決めておきます。

また、保護者への連絡や救急車を呼ぶ際など、正確な情報が伝え
られるよう伝え方のマニュアルなどを用意しておきましょう。

いつアナフィラキシーが起きても的確な対応ができるよう、日ご
ろから訓練をしておくことも必要です。

▶ **様々な状況を想定して準備**

職員が少ない延長保育や土曜日な
どは一人で複数の役割を兼ねられ
るようにするなど、状況に応じた
対応ができるよう準備をしておく。
園長不在時の対応も決めておく。

## ✚アナフィラキシー発生時から救急搬送までの役割分担

### 園長などの責任者

- 責任者として職員の役割分担を指示する
- 子どもの重症度を確認し、必要な対応を指示する
- 必要な場合、子どもに内服薬を服用させ、またエピペン®を注射する
- 必要な場合、子どもにAEDを使用した心肺蘇生をおこなう

### 保育者

- 保護者へ連絡する　　`連絡係`
- 救急隊に連絡する　　`連絡係`
- 子どもにつき添い、対応の指示を出す　　`介添え係`
- 子どもの症状を観察し、対応も含め記録する　　`観察・記録係`
- 与薬など対応の準備をする　　`準備係`
- 与薬等の対応をする　　`与薬係`
- ほかの子どもたちの対応をする　　`ほかの子どもの対応係`
- 救急隊の誘導をする　　`誘導係`

➡救急隊への連絡は102ページ

◆アナフィラキシー発生時から救急搬送までの役割と対応

## 観察・記録係

- 観察を開始した時刻、エピペン®を使用した時刻、内服薬を飲んだ時刻を記録する
- 5分ごとに症状を記録する
- 子どもから離れず、症状を観察する

## 介添え係

- 発見者は、大声で助けを呼ぶか、子どもに呼びに行かせ、具合の悪い子どもからは離れない
- 薬を持ってくるように指示を出す
- 救急車に同乗し、隊員に子どもの状態やどのような応急手当てをしたかを説明する

## 準備係

- 「食物アレルギー緊急時対応マニュアル」を持ってくる
- 預かっていたエピペン®や内服薬を準備する

## ほかの子どもの対応係

- ほかの子どもが動揺しないよう対応する

## 与薬係

- 事前に保護者と決めてある対応（預かっていた薬を飲ませる、エピペン®を注射するなど）をする
- エピペン®を注射する場合、子どもが痛みなどで動いてしまうときは子どもを押さえる人が必要

## 連絡係

- 保護者に連絡し、保護者からの指示を確認する
- 園長（責任者）の指示により、救急隊に連絡する

## 誘導係

- 園の門付近に立ち、救急車を誘導する
- 緊急時の対応経過を記した書類とともに、エピペン®を使った場合は、使用したエピペン®を隊員に渡す

# 救急要請のポイント

119番通報の際に伝えるべきことや注意点などを紹介します。
あわてず、ゆっくり、正確に情報を伝えることが大切です。

**1** 救急であることを伝える

> 119番、火事ですか？救急ですか？

> 救急です

**2** 救急車に来てほしい住所を伝える

＊住所、施設名をあらかじめ記載して電話の近くに貼っておくとよい

> 住所はどこですか？

> ○区（市町村）○町○丁目○番○号〇〇園です

**3** 「いつ、誰が、どうして、現在どのような状況なのか」をわかる範囲で伝える

＊エピペン®の処方やエピペンの使用の有無を伝える

> どうしましたか？

> 5歳の園児が食事をしたあと、呼吸が苦しいと言っています

**4** 通報している人の氏名と連絡先を伝える

＊119番通報後も連絡可能な電話番号を伝える
＊救急隊が到着するまでの応急手当の方法などを必要に応じて聞く

> あなたの名前と連絡先を教えてください

> 私の名前は、○田○美です。電話番号は○○・・・です

向かっている救急隊から、その後の状況確認のため電話がかかってくることがあります。
通報時に伝えた連絡先の電話は、常につながるようにしておきましょう。

付録

# 参考様式集

- 面談内容記入シート
- 保育所におけるアレルギー疾患生活管理指導表
- 緊急時個別対応票
- 誤食時内服薬・点眼薬・塗り薬保管・与薬依頼書
- 除去解除申請書

面談内容記入シート

園児名:＿＿＿＿＿＿＿＿＿＿　クラス:＿＿＿＿＿＿＿＿

面談日　　　年　　月　　日
面談担当職員

1　提出書類の確認
　　□　生活管理指導表
　　□　エピペン®保管依頼書…エピペン®の預かりがある場合
　　□　誤食時内服薬・点眼薬保管・与薬依頼書…誤食時内服薬・点眼薬の預かりがある場合

2　食物アレルギー病型の確認
　　□　生活管理指導表にて確認

3　アナフィラキシーの既往について確認
　　□　生活管理指導表にて確認
　　＊既往がある場合には詳しく聞き取りをする
　　(1)回数：　　　　　回
　　(2)アナフィラキシーを起こした食品(何をどのぐらい食べたか)
　　(3)最後の発症年月：　　　年　　月
　　(4)発症時の具体的な症状：
　　(5)エピペン®の有無：　　有　　無
　　(6)医師から指導されていること(注意する症状等)　例：症状が出たらすぐに救急車を呼ぶ　など

4　通院状況の確認
　　(1)回数：　　　　／　月　　　　　　　／　年
　　(2)治療状況：経口免疫療法や食物経口負荷試験の予定など

5　緊急・災害　時の対応について
　　□　生活管理指導表にて緊急連絡先、主治医等を　確認
　　□　緊急時の対応について確認
　　□　アナフィラキシー有の場合は詳しく確認
　　□　災害時の対応について確認　＊災害時用名札・ワッペンの使用方法を説明

6　園での基本的な対応について説明する
　　□　事故を起こさないことを最優先に考え対応にあたる
　　□　食事提供(おやつを含む)は完全除去か完全解除のどちらかの対応になる

職員記入用

7　原因食物と家庭での除去の程度を確認
　　□　生活管理指導表にて確認
　　＊除去の品目があまりに多い場合には、正確な診断を受けるように促す

8　園生活上での留意点について協議する
　（1）食事提供について

　（2）食物・食材を扱う活動について

　（3）運動について

　（4）園外保育について

　（5）その他の配慮事項について

9　その他　保護者との協議の内容

〈参考様式〉　※「保育所におけるアレルギー対応ガイドライン」（2019年改訂版）

保育所におけるアレルギー疾患生活管理指導表（食物アレルギー・アナフィラキシー・気管支ぜん息）　提出日　＿＿＿年＿＿月＿＿日

名前　＿＿＿＿＿＿＿＿　男・女　＿＿年＿＿月＿＿日生（＿＿歳＿＿ヶ月）　＿＿＿＿＿組

この生活管理指導表は保育所の生活において特別な配慮や管理が必要となった場合に限って医師が作成するものです。

【食物アレルギー・アナフィラキシー（あり・なし）】

| 病型・治療 | 保育所での生活上の留意点 |
|---|---|
| A. 食物アレルギー病型<br>1. 食物アレルギーの関与する乳児アトピー性皮膚炎<br>2. 即時型<br>3. その他（新生児・乳児消化管アレルギー・口腔アレルギー症候群・食物依存性運動誘発アナフィラキシー・その他　　　）<br><br>B. アナフィラキシー病型<br>1. 食物（原因：　　　　　　　　）<br>2. その他（医薬品・食物依存性運動誘発アナフィラキシー・ラテックスアレルギー・昆虫・動物のフケや毛　）<br><br>C. 原因食品・除去根拠　該当する食品の番号に○をし、かつ《　》内に除去根拠を記載<br>　　1. 鶏卵　　　　《　　》<br>　　2. 牛乳・乳製品《　　》<br>　　3. 小麦　　　　《　　》<br>　　4. ソバ　　　　《　　》<br>　　5. ピーナッツ　《　　》<br>　　6. 大豆　　　　《　　》<br>　　7. ゴマ　　　　《　　》<br>　　8. ナッツ類*　《　　》（すべて・クルミ・カシューナッツ・アーモンド・　　　　）<br>　　9. 甲殻類*　　《　　》（すべて・エビ・カニ・　　　　）<br>　　10. 軟体類・貝類*《　　》（すべて・イカ・タコ・ホタテ・アサリ・　　　　）<br>　　11. 魚卵*　　　《　　》（すべて・イクラ・タラコ・　　　　）<br>　　12. 魚類*　　　《　　》（すべて・サバ・サケ・　　　　）<br>　　13. 肉類*　　　《　　》（鶏肉・牛肉・豚肉・　　　　）<br>　　14. 果物類*　　《　　》（キウイ・バナナ・　　　　）<br>　　15. その他　　《　　》（　　　　　　　）<br>［＊（　）の中の該当する項目に○をするか具体的に記載すること］<br><br>【除去根拠】該当するものを全て《　》内に番号を記載<br>①明らかな症状の既往<br>②食物負荷試験陽性<br>③IgE抗体等検査結果陽性<br>④未摂取<br><br>D. 緊急時に備えた処方薬<br>1. 内服薬（抗ヒスタミン薬、ステロイド薬）<br>2. アドレナリン自己注射薬「エピペン®」<br>3. その他（　　　　） | A. 給食・離乳食<br>1. 管理不要<br>2. 管理必要（管理内容については、病型・治療のC. 欄及び下記C. E欄を参照）<br><br>B. アレルギー用調整粉乳<br>1. 不要<br>2. 必要　下記該当ミルクに○、又は（　）内に記入<br>　　ミルフィーHP・ニューMA-1・MA-mi・ペプディエット・エレメンタルフォーミュラ<br>　　その他（　　　　　　）<br><br>C. 除去食品においてより厳しい除去が必要なもの<br>病型・治療のC. 欄で除去の際に、より厳しい除去が必要となるものにのみ○をつける<br>※本欄に○がついた場合、該当する食品を使用した料理については、給食対応が困難となる場合があります<br>　　1. 鶏卵：　　卵殻カルシウム<br>　　2. 牛乳・乳製品：　乳糖<br>　　3. 小麦：　　醤油・酢・麦茶<br>　　6. 大豆：　　大豆油・醤油・味噌<br>　　7. ゴマ：　　ゴマ油<br>　　12. 魚類：　　かつおだし・いりこだし<br>　　13. 肉類：　　エキス<br><br>D. 食物・食材を扱う活動<br>1. 管理不要<br>2. 原因食材を教材とする活動の制限（　　　）<br>3. 調理活動時の制限（　　　）<br>4. その他（　　　）<br><br>E. 特記事項<br>（その他に特別な配慮や管理が必要な事項がある場合には、医師が保護者と相談のうえ記載。対応内容は保育所が保護者と相談のうえ決定） |

記載日　　　　　年　　月　　日

医師名　＿＿＿＿＿＿＿

医療機関名　＿＿＿＿＿＿＿

電話　＿＿＿＿＿＿＿

【気管支ぜん息（あり・なし）】

| 病型・治療 | 保育所での生活上の留意点 |
|---|---|
| A. 症状のコントロール状態<br>1. 良好<br>2. 比較的良好<br>3. 不良<br><br>B. 長期管理薬（短期追加治療薬を含む）<br>剤形：<br>　1. ステロイド吸入薬<br>　　投与量（日）：<br>　2. ロイコトリエン受容体拮抗薬<br>　3. DSCG吸入薬<br>　4. ベータ刺激薬（内服・貼付薬）<br>　5. その他（　　　　）<br><br>C. 急性増悪（発作）治療薬<br>　1. ベータ刺激薬吸入<br>　2. ベータ刺激薬内服<br>　3. その他（　　　　）<br><br>D. 急性増悪（発作）時の対応（自由記載）<br>（　　　　　　　　　　） | C. 外遊び、運動に対する配慮<br>1. 管理不要<br>2. 管理必要（管理内容　　　）<br><br>D. 特記事項<br>（その他に特別な配慮や管理が必要な事項がある場合には、医師が保護者と相談のうえ記載。対応内容は保育所が保護者と相談のうえ決定）<br><br>A. 寝具に関して<br>1. 管理不要<br>2. 防ダニシーツ等の使用<br>3. その他の管理が必要（　　　）<br><br>B. 動物との接触<br>1. 管理不要<br>2. 動物への反応が強いため不可<br>　　動物名（　　　）<br>3. 飼育活動等の制限（　　　）<br>4. その他（　　　） |

記載日　　　　　年　　月　　日

医師名　＿＿＿＿＿＿＿

医療機関名　＿＿＿＿＿＿＿

電話　＿＿＿＿＿＿＿

【緊急連絡先】
★保護者
電話：
★連絡医療機関
医療機関名：
電話：

● 保育所における日常の取り組み及び緊急時の対応に活用するため、本表に記載された内容を保育所の職員及び消防機関・医療機関等と共有することに同意しますか。
・同意する
・同意しない

保護者氏名　＿＿＿＿＿＿＿＿＿＿

（版発行年度より）（2019年度版）『保育所におけるアレルギー対応ガイドライン』から

保育所におけるアレルギー疾患生活管理指導表　（裏）

〈参考様式〉 ※「保育所におけるアレルギー対応ガイドライン」(2019年改訂版)

**保育所におけるアレルギー疾患生活管理指導表（アトピー性皮膚炎・アレルギー性結膜炎・アレルギー性鼻炎）**　　提出日　　　　年　　月　　日

名前　　　　　　　　　　　男・女　　　　年　　月　　日生（　　歳　　ヶ月）　　　　　　組

この生活管理指導表は保育所の生活において特別な配慮や管理が必要となった場合に限って医師が作成するものです。

### アトピー性皮膚炎（あり・なし）

**病型・治療**

A. 重症度のめやす（厚生労働科学研究班）
1. 軽症：面積に関わらず、軽度の皮疹のみみられる。
2. 中等症：強い炎症を伴う皮疹が体表面積の10%未満にみられる。
3. 重症：強い炎症を伴う皮疹が体表面積の30%以上にみられる。
4. 最重症：強い炎症を伴う皮疹が体表面積の30%以上にみられる。
※軽度の皮疹：軽度の紅斑、乾燥、落屑主体の病変
※強い炎症を伴う皮疹：紅斑、丘疹、びらん、浸潤、苔癬化などを伴う病変

B-1. 常用する外用薬
1. ステロイド軟膏
2. タクロリムス軟膏（「アトピック®」）
3. 保湿剤
4. その他（　　　）

B-2. 常用する内服薬
1. 抗ヒスタミン薬
2. その他（　　　）

C. 食物アレルギーの合併
1. あり
2. なし

**保育所での生活上の留意点**

A. プール・水遊び及び長時間の紫外線下での活動
1. 管理不要
2. 管理必要（　　　）

B. 動物との接触
1. 管理不要
2. 動物への反応が強いため不可 動物名（　　　）
3. 飼育活動等の制限（　　　）

C. 発汗後
1. 管理不要
2. 管理必要（管理内容：　　　）
3. 夏季シャワー浴 （施設で可能な場合）

D. 特記事項
(その他に特別な配慮や管理が必要な事項がある場合には、医師が保護者と相談のうえ記載。対応内容は保育所が保護者と相談のうえ決定)

記載日　　　年　　月　　日

医師名

医療機関名

電話

### アレルギー性結膜炎（あり・なし）

**病型・治療**

A. 病型
1. 通年性アレルギー性結膜炎
2. 季節性アレルギー性結膜炎（花粉症）
3. 春季カタル
4. アトピー性角結膜炎
5. その他（　　　）

B. 治療
1. 抗アレルギー点眼薬
2. ステロイド点眼薬
3. 免疫抑制点眼薬
4. その他（　　　）

**保育所での生活上の留意点**

A. プール指導
1. 管理不要
2. 管理必要（管理内容：　　　）
3. プールへの入水不可

B. 屋外活動
1. 管理不要
2. 管理必要（管理内容：　　　）

C. 特記事項
(その他に特別な配慮や管理が必要な事項がある場合には、医師が保護者と相談のうえ記載。対応内容は保育所が保護者と相談のうえ決定)

記載日　　　年　　月　　日

医師名

医療機関名

電話

### アレルギー性鼻炎（あり・なし）

**病型・治療**

A. 病型
1. 通年性アレルギー性鼻炎
2. 季節性アレルギー性鼻炎（花粉症）
主な症状の時期：春、夏、秋、冬

B. 治療
1. 抗ヒスタミン薬・抗アレルギー薬（内服）
2. 鼻噴霧用ステロイド薬
3. 舌下免疫療法
4. その他（　　　）

**保育所での生活上の留意点**

A. 屋外活動
1. 管理不要
2. 管理必要（管理内容：　　　）

B. 特記事項
(その他に特別な配慮や管理が必要な事項がある場合には、医師が保護者と相談のうえ記載。対応内容は保育所が保護者と相談のうえ決定)

記載日　　　年　　月　　日

医師名

医療機関名

電話

●保育所における日常の取り組みおよび緊急時の対応に活用するため、本表に記載された内容を保育所の職員及び消防機関・医療機関等と共有することに同意しますか。
・同意する
・同意しない

保護者氏名

107

## ■ 緊急時個別対応票（表）

_____ 年　月　日　作成

| 組 | 名　前 | 原因食品 |
|---|---|---|
| 組 | | |

### 緊急時使用預かり

| 管理状況 | エピペン® | 有・無 | |
|---|---|---|---|
| | | 保管場所<br>（　　　　　　　　） | 有効期限<br>（　　年　月　日） |
| | 内服薬 | 有・無 | |
| | | 保管場所<br>（　　　　　　　　　） | |

### 緊急時対応の原則

**以下の症状が一つでもあればエピペン®を使用し、救急車を要請**

**全身の症状**
- ☐ ぐったり
- ☐ 意識もうろう
- ☐ 尿や便をもらす
- ☐ 脈がふれにくいまたは不規則
- ☐ 唇や爪が青白い

**呼吸器の症状**
- ☐ のどや胸が締めつけられる
- ☐ 声がかすれる
- ☐ 犬が吠えるようなせき
- ☐ 息がしにくい
- ☐ 持続する強いせき込み
- ☐ ゼーゼーする呼吸

**消化器の症状**
- ☐ 持続する強い（がまんできない）おなかの痛み
- ☐ くり返し吐き続ける

### 緊急時の連絡先

| 医療機関・消防機関 | | |
|---|---|---|
| 救急（緊急） | | 119 |
| 搬送医療機関 | 名称 | |
| | 電話 | （　　　） |
| 搬送医療機関 | 名称 | |
| | 電話 | （　　　） |

| 保護者連絡先 | | |
|---|---|---|
| 名前・名称 | 続柄 | 連絡先 |
| | | |
| | | |
| | | |

**医療機関、消防署への伝達内容**

1. 年齢、性別ほか患者の基本情報
2. 食物アレルギーによるアナフィラキシー症状があらわれていること
3. どんな症状がいつからあらわれて、これまでにおこなった処置、またはその時間
※特に状態が悪い場合は、意識状態、顔色、心拍、呼吸数を伝えられるとよい
※その際、可能であれば本対応票を救急隊と共有することも有効

**保護者への伝達・確認内容**

1. 食物アレルギー症状があらわれたこと
2. 症状や状況に応じて、医療機関への連絡や、救急搬送すること
3. （症状により）エピペン®使用を判断したこと
4. 保護者が園や病院に来られるかの確認
5. （救急搬送等の場合）搬送先を伝え、搬送先に保護者が来られるか確認

※この「緊急時個別対応票」の書式は「保育所におけるアレルギー対応ガイドライン」に掲載された参考様式をもとにしています。

■緊急時個別対応票（裏）　**経過記録票**

（氏名）＿＿＿＿＿＿＿＿＿＿＿＿＿＿＿　　　（生年月日）　年　月　日（　歳　か月）

| | | | | |
|---|---|---|---|---|
| 1．誤食時間 | 年　　月　　日　　時　　分 | | | |
| 2．食べたもの | | | | |
| 3．食べた量 | | | | |
| 園で 4．おこなった 処置 | 【エピペン®】 | エピペン®の使用　　あり・なし　　時　分 | | |
| | 【内服薬】 | 使用した薬（　　　　　）　　　時　分 | | |
| | 【その他】 | ・口の中を取り除く　・うがいをさせる　・手を洗わせる　・ふれた部位を洗い流す | | |

◆症状のチェックは緊急性が高い、左の欄からおこなう

| 5．症状 | 全身 | □ぐったり<br>□意識がもうろう<br>□尿や便をもらす<br>□脈がふれにくいまたは不規則<br>□唇や爪が青白い | | |
|---|---|---|---|---|
| | 呼吸器 | □のどや胸が締めつけられる<br>□声がかすれる<br>□犬が吠えるようなせき<br>□息がしにくい<br>□持続する強いせき込み<br>□ゼーゼーする呼吸 | □数回の軽いせき | |
| | 消化器 | □持続する（がまんできない）<br>　おなかの痛み<br>□くり返し吐き続ける | □中等度のおなかの痛み<br>□1～2回の嘔吐<br>□1～2回の下痢 | □軽い（がまんできる）おなかの痛み<br>□吐き気 |
| | 目・鼻・口・顔 | 上記の症状が<br>1つでも当てはまる場合 | □顔全体の腫れ<br>□まぶたの腫れ | □目のかゆみ、充血<br>□口の中の違和感<br>□くしゃみ、鼻水、鼻づまり |
| | 皮膚 | | □強いかゆみ<br>□全身に広がるじんま疹<br>□全身が真っ赤 | □軽度のかゆみ<br>□数個のじんま疹<br>□部分的な赤み |
| | | | 1つでも当てはまる場合 | 1つでも当てはまる場合 |
| | | ただちに緊急対応 | 速やかに医療を受診 | 安静にし、注意深く経過観察 |

| 6．症状の経過<br><br>※少なくとも<br>5分ごとに<br>注意深く<br>観察 | 時間 | 症状 | 脈拍<br>（回／分） | 呼吸数<br>（回／分） | その他の症状・状態等把握した事項 |
|---|---|---|---|---|---|
| | ： | | | | |
| | ： | | | | |
| | ： | | | | |
| | ： | | | | |
| | ： | | | | |
| | ： | | | | |
| 7．記録者名 | | | | | |
| 8．医療機関 | 医療機関名 | 主治医名 | 電話番号 | 備考（ID番号等） | |
| | | | | | |

（「保育所におけるアレルギー対応ガイドライン（2019年度版）」から）

緊急時に備えた処方薬　誤食時内服薬・点眼薬・塗り薬保管・与薬依頼書

_____園長

| 管理開始日 | | 組 | 園児名 | | 生年月日 | | |
|---|---|---|---|---|---|---|---|
| 年　　月　　日(　　) | | | | 男 / 女 | 年　　月　　日 | | |

| 保護者名 | | 緊急連絡先 | | | |
|---|---|---|---|---|---|
| 医療機関名 | | 受診日(直近) | 年　　月　　日 | | |
| 薬品名・量 | | 使用期限 | 年　　月　　日 | | |
| | | | 年　　月　　日 | | |
| | | | 年　　月　　日 | | |

| 確認事項 | 与薬を希望する児の症状 | |
|---|---|---|
| | 薬の副作用について | |
| | 保管場所 | 冷蔵庫でも可・冷暗所・その他(　　　　　) |

| 確認 | 確認月日 | 4/ | 5/ | 6/ | 7/ | 8/ | 9/ | 10/ | 11/ | 12/ | 1/ | 2/ | 3/ |
|---|---|---|---|---|---|---|---|---|---|---|---|---|---|
| | 確認者 | | | | | | | | | | | | |

| 園記載 | 園での保管場所 | |
|---|---|---|
| | | |
| | | 受け者(　　　　　　　) |

＊医師の処方の薬のみ保管・与薬します（処方箋をもとに薬局で出される薬の説明書またはそのコピーを保管・与薬依頼書に添付してください）。

＊内服薬は1回分、点眼薬は未開封のものとし、薬の容器や袋にも組と氏名（フルネーム）を書いて、保管・与薬依頼書と一緒に職員に手渡してください。

＊薬品名や与薬量（用量）が変わった場合は、すみやかに新しい薬を保管・与薬依頼書と一緒に職員に手渡してください。

＊年度末には薬を一度保護者に返却させていただきます。保管・与薬内容に変更等がないか主治医に確認していただき、再度保管・与薬の依頼をお願いします。

＊緊急時（誤食時）の場合は、保護者に連絡しますので、必ず連絡が取れるようお願いします。

除去解除申請書（定型①）

年　　　月　　　日

（施 設 名 ）＿＿＿＿＿＿＿＿＿＿＿＿＿＿＿

（クラス等）＿＿＿＿＿＿＿＿＿＿＿＿＿＿＿

（児童氏名）＿＿＿＿＿＿＿＿＿＿＿＿＿＿＿


本児は生活管理指導表で「未摂取」のため除去
していた（食品名：　　　　　　　　）に関し
て、医師の指導の下、これまでに複数回食べて
症状が誘発されていないので、保育所における
完全解除をお願いします。



＿（保護者氏名）＿＿＿＿＿＿＿＿＿＿＿＿＿

（「保育所におけるアレルギー対応ガイドライン（2019年度版）」から）

●参考文献

「保育所におけるアレルギー対応ガイドライン（2019 改訂版）」（厚生労働省）

「食物アレルギーの診療の手引き 2017」（AMED 研究班）

「食物アレルギーの栄養食事指導の手引き 2017」（厚生労働科学研究班）

「保育園・幼稚園・学校における食物アレルギー日常生活・緊急時対応ガイドブック」（東京都福祉保健局）

「ぜん息予防のためのよくわかる食物アレルギーの基礎知識」（独立行政法人環境再生保全機構）

「アレルギー物質を含む加工食品の表示ハンドブック」（消費者庁）

「相模原市立保育園食物アレルギー対応マニュアル」（相模原市健康福祉局こども育成部保育課）

『食物アレルギーのすべてがわかる本』（監修：海老澤元宏／講談社）

『図解 食物アレルギーの悩みを解消する！ 最新治療と正しい知識』（監修：海老澤元宏／日東書院）

『災害時の食のお役立ち BOOK』（全体監修：国崎信江 ３章監修：海老澤元宏・林典子／メイト）


●スタッフ

| | |
|---|---|
| 撮影 | 花田真知子 |
| レシピ考案・料理制作 | 神 みよ子 |
| スタイリング | 伊藤由美子 |
| 栄養計算 | 喜多野直子 |
| デザイン | SPAIS（宇江喜桜・熊谷昭典・吉野博之）<br>policent（池宮城真里・多菊香弥乃） |
| 表紙イラスト | かつまたひろこ |
| 本文イラスト | かつまたひろこ・ササキサキコ・島田夏穂 |
| 写真協力 | マイラン EPD 合同会社 |
| 編集協力 | こんぺいとぷらねっと |

すぐわかる!! よくわかる!! 知って安心 園で役立つ
## 新・食物アレルギーガイドブック

2020 年 2 月 1 日　初版発行
2021 年 8 月 5 日　第 2 版発行

| | |
|---|---|
| 監修 | 海老澤元宏・林 典子 |
| 発行人 | 竹井 亮 |
| 編集人 | 上原敬二 |
| 編集担当 | 元木啓太・橘田 眞・松浦真弓 |
| 発行・発売 | 株式会社メイト　http://www.meito.jp<br>〒114-0023　東京都北区滝野川 7-46-1<br>電話 03 － 5974 － 1700 （代） |
| 製版・印刷 | 図書印刷株式会社 |

ISBN978-4-89622-455-9
ⒸMEITO2020　Printed in Japan